PROJEKTREIHE
KINDERGARTEN

IM WALD

Anja Mohr · Rebecca Meyer

Kaufmann Verlag

Bibliografische Information der Deutschen Bibliothek
Die Deutsche Bibliothek verzeichnet diese Publikation in der Deutschen Nationalbibliografie; detaillierte bibliografische Daten sind im Internet über http://dnb.ddb.de abrufbar.

4. Auflage 2026

Texte: Anja Mohr
Illustrationen: Rebecca Meyer
Fotos von Anja Mohr
Mit Ausnahme von: Cover © eyetronic - Adobe Stock, S. 7 © eyetronic – Adobe Stock, S. 31 © Sinuswelle – Adobe Stock, S. 39 © romantiche – Adobe Stock, S. 47 © FGWDesign – Adobe Stock, S. 56 © KamikazeKatze – Adobe Stock, S. 57 © anela47 – Adobe Stock, S. 67 © Lars Johansson – Adobe Stock, S. 68 © allexxandarx – Adobe Stock

Druck und Bindung: PNB

ISBN 978-3-7806-5140-2

Inhalt

1 AUF IN DEN WALD

2 SPIEL & BEWEGUNG RUND UM DEN WALD

3 GERÄUSCHE & KLÄNGE AUS DEM WALD

4 NADELBÄUME & BRENNNESSELN IM WALD

5 DIE WALD-WICHTEL

6 AUS DEM WALD ODER VON DEN BÄUMEN

KOPIERVORLAGEN

Liebe Erzieherinnen und Erzieher,

ein Picknick unter rauschendem Blätterdach, Turnen im Laub, Tierspuren verfolgen und Bäume umarmen: Haben Sie Lust auf Wald bekommen? In diesem Buch finden Sie noch mehr Ideen für Ihr Waldprojekt. Oder für einzelne Waldtage. Oder für einen ganzen Waldsommer …

Gerade der Wald ist für die Kinder ein Lernort für so viele Bereiche gleichzeitig: Sie fördern dort selbsttätig und oft ohne es bewusst zu bemerken Grobmotorik, Feinmotorik, Sinneswahrnehmung, aber auch soziale und emotionale Fähigkeiten wie Rücksichtnahme und Zusammenhalt in der Gruppe. Im Wald sind die Kinder häufig ruhiger, mehr bei sich, sie erschließen sich Umwelt- und Naturwissen spielerisch selbst.

Im Wald erleben die Kinder die Natur, finden ihren eigenen Zugang zu den Wundern, die sie uns bietet. Diese Erfahrung kann die Kinder noch lange prägen. Unsere Wälder sind nicht zuletzt auch schützenswerte Ökosysteme, denen wir und zukünftige Generationen im Sinne der Nachhaltigkeit mit Respekt und Wertschätzung begegnen sollten.

Auch wenn Ihre Einrichtung nicht unbedingt in Waldrandnähe liegt, keine Sorge: Die Ideen aus diesem Buch funktionieren auch im Park, im Kita-Garten oder auf einer Wiese mit Bäumen.

Das Motto unserer „Projektreihe Kindergarten"
Alle Ideen sollen Sie bei der Arbeit kompetent und zielführend unterstützen.
Darum sind sie:

- schnell einsatzbereit und leicht umsetzbar,
- in der Praxis mehrfach erprobt und für gut befunden,
- differenziert auf den Erfahrungs- und Wissenshorizont von Kindern im Alter von drei bis sechs Jahren ausgerichtet,
- klar strukturiert und im Buch schnell zu finden.

Ich wünsche Ihnen und Ihren Kindern ganz besonders viel Spaß „Im Wald"!

ANJA MOHR

1

AUF IN DEN WALD

Kinder lieben es, im Wald zu spielen. Dort können sie rennen, springen und einfach auch mal laut sein. Mit allen Sinnen den Wald erleben, kann für die Kinder Abenteuer und Entdeckungsreise zugleich sein.

1 Den Wald entdecken

EXKURSION

ALTER ab 3 Jahren

ZIELE Sprache, Beobachtung

MATERIAL Malblätter, Stifte

Um mit den Kindern den Wald zu entdecken, braucht es noch keine Vorbereitung. Ganz zu Beginn Ihres geplanten Projektes müssen Sie dem Wald eigentlich nur einen kurzen Besuch abstatten.

Regen Sie die Kinder an, mit offenen Augen durch den Wald zu spazieren – oder noch besser: mit offenen Augen, Ohren und neugierigen Fingern. Es bietet sich an, Bäume zu benennen, Blätter, Früchte oder auch Rinde der Bäume zu sammeln. Sammeln Sie gemeinsam auch kleine Schätze und Fundstücke und nehmen Sie sie mit.
Zurück in der Einrichtung wird alles ausgebreitet, und betrachtet. Mithilfe eines Naturführers oder Kindersachbuches können Sie vielleicht schon einige Blätter und Früchte den verschiedenen Bäumen zuordnen. Was hat die Kinder am meisten beeindruckt? Was gab es im Wald, was die Kinder besonders interessiert hat? Möchten die Kinder ihren schönsten Waldeindruck auf Bildern festhalten? Hängen Sie alle Bilder auf, etwa unter einem Ausstellungsmotto: „Das konnte ich im Wald entdecken.“ Stellen Sie per Brainstorming fest, was die Kinder gerne einmal im Wald unternehmen möchten, was sie lernen, erfahren oder im Wald ausprobieren möchten.
Auf diese Weise kann Ihre Projektplanung in Abstimmung mit den Kindern erfolgen.

2 Waldtage

VORBEREITUNG UND REGELN

ALTER ab 3 Jahren

ZIELE Regeln gemeinsam erarbeiten,

MATERIAL Blätter DIN A5, Malstifte, roter Tonkarton, roter Filzstift

Der Wald bietet den Kindern so viele Erfahrungen wie sonst kein anderer Lebensraum. Er ist ein idealer Lernort für Kinder. Doch manche Dinge sollten im Vorfeld geklärt werden. Denn wenn Sie das Thema „Wald" für ihre Gruppe oder Einrichtung planen, sind eine Vorbereitung und die Erarbeitung von Regeln unerlässlich.

Dinge, die Sie im Vorfeld abklären sollten

- Den Hin- und Rückweg planen: Geht die Gruppe gemeinsam von der Einrichtung in den Wald oder werden die Kinder zu einem Treffpunkt gebracht?
- Einen guten Platz zum Spielen, Entdecken und Essensuchen. In einem bestimmten Radius dürfen sich die Kinder hier selbstständig bewegen. Wenn Sie sich über einen längeren Zeitraum an diesem Platz aufhalten, sollten Sie das zuständige Forstamt darüber informieren.
- Die Toilettengangregeln.
- Einen Informationszettel an die Eltern vorbereiten betreffend Kleidung und Essen. Hier sollte auch der Hinweis erfolgen, die Kinder nach jedem Waldtag nach Zecken abzusuchen.
- Einen Rucksack mit Erste-Hilfe-Set, Taschen für Fundstücke, Lupen, Lupenbecher usw. richten. Einen Kanister mit Wasser fürs Händewaschen mitnehmen.

Gemeinsam Regeln festlegen

Kommen Sie einen Tag vor dem geplanten Projektstart mit den Kindern zu einem Sitzkreis zusammen und besprechen Sie mit Ihnen das Verhalten während eines Waldaufenthalts. Beziehen Sie die Kinder mit ein und lassen Sie sie selbst Regeln aufstellen. Im Anschluss erstellen sie gemeinsam ein Plakat, auf dem die Kinder die Regeln aufmalen, beispielsweise:

- Jedes Kind läuft nur so weit, dass es in Sichtweite bleibt.
  Bildliche Darstellung: Ein Erwachsener und ein Kind in der Nähe

- Es werden keine Äste und Zweige abgerissen.
  Bildliche Darstellung: Hand mit einem Ast – wird auf dem Plakat durchgestrichen
- Wir stecken uns nichts in den Mund.
  Bildliche Darstellung: Mund mit einer Beere – wird auf dem Plakat durchgestrichen
- Ihr dürft nur dort klettern, wo es vorher gemeinsam besprochen wurde.
  Bildliche Darstellung: Baum und ein Kind ganz oben – wird auf dem Plakat durchgestrichen
- Der Müll kommt in unsere Taschen.
  Bildliche Darstellung: Müll auf dem Boden – wird auf dem Plakat durchgestrichen
- Die Taschen werden während des Spiels immer am Versammlungsplatz abgelegt.
  Bildliche Darstellung: Kreis mit Tasche in der Mitte
- Ihr dürft kleine Tiere ganz vorsichtig und ohne sie zu verletzen in Lupenbechern auffangen. Hier könnt ihr sie für kurze Zeit genau betrachten. Danach werden sie wieder freigelassen.
  Bildliche Darstellung: Glas und Tier nebendran
- Wenn ich rufe, kommen alle Kinder wieder zum Versammlungsplatz.
  Bildliche Darstellung: Kinder in einem Kreis
- Wir werfen nicht mit Steinen und stoßen/schlagen nicht mit Stöcken.
  Bildliche Darstellung: Kind mit Stock neben einem anderen Kind – wird auf dem Plakat durchgestrichen

Kleben Sie die gemalten Bilder auf einen roten Tonkarton und gehen Sie die einzelnen Bilder und Regeln mit den Kindern durch. Die nicht erlaubten Verhaltensweisen können Sie dabei noch einmal mit einem roten Stift durchstreichen, um sie zu betonen.
Nehmen Sie das Plakat auch zum Waldtag mit und gehen Sie mit den Kindern gleich zu Beginn noch einmal die Regeln durch. Das Plakat kann dann, wenn möglich, am Versammlungsplatz im Wald bleiben.

3 Mein Fenster in den Wald

KREATIVAKTION

ALTER ab 4 Jahren

ZIELE Umgang mit Naturmaterialien, Fantasie, Kreativität, Sprache

MATERIAL für jedes Kind einen Schuhkarton, Rinde, Stöcke, Moos, Blätter, Zapfen, Eicheln, Steine, Knete, Kleber, Schere, grüne Fingerfarbe, Pinsel

Mit diesem Guckkasten bringen Sie den Wald ins Gruppenzimmer. So ist jederzeit ein Blick in den Wald möglich.

Aus dem unscheinbaren Schuhkarton kann ein Fenster in den Wald entstehen! Wie könnte das möglich werden? Zeigen Sie den Kindern, wie man ein Fenster in den Karton schneiden kann oder dass man einfach nur den Deckel vom Karton abnehmen muss, um den „Wald" zu sehen. Wie wäre es, wenn jedes Kind seinen eigenen Waldblick dokumentieren kann? Sammeln Sie beim nächsten Waldausflug interessante Materialien. Jedes Kind darf sich aussuchen, was in „seinen" Wald gehört. Zurück in der Einrichtung bemalen oder bekleben Sie den Schuhkarton von innen grün. Dann kann es schon losgehen.

Die Kinder breiten ihr Material aus und gestalten ihren individuellen Waldblick, beispielsweise könnten Sie:

- den Boden mit Moos auslegen;
- Äste als Baumstämme umfunktionieren, diese mit Knete am Boden befestigen;
- Zapfen und Steine auf das Moos legen;
- Moos als Baumkrone gestalten;
- die Rinde an die Rückwand kleben als Baumstamm, die Blätter darüber befestigen.

Der Fantasie der Kinder sind keine Grenzen gesetzt. Die Kinder können z. B. auch kleine Tiere ausschneiden und in ihren Wald setzen. Wenn die Kinder Hilfestellung benötigen, können sie Ihnen zunächst beschreiben, was sie gestalten möchten. Dann suchen Sie gemeinsam mit dem Kind nach Lösungen.

4 Waldgesichter

KREATIVAKTION

ALTER	ab 3 Jahren
ZIELE	Fantasie und Kreativität
MATERIAL	alles, was die Kinder im Wald finden

Im Wald stehen Materialien für Naturkunstprojekte in Hülle und Fülle zur Verfügung. Darum findet diese Kreativaktion im Wald statt und es werden nur Materialien verwendet, die uns die Natur auf dem Waldboden anbietet.

Gehen Sie mit den Kindern in den Wald. Dieses Mal bekommen die Kinder die Aufgabe, drei bis fünf verschiedene Naturmaterialien im Wald zu suchen, beispielsweise einen Stock, ein Blatt, Rinde oder auch die Früchte der Bäume. Betrachten Sie gemeinsam die Fundstücke: Könnte man aus diesen Materialien ein Gesicht legen? Das können die Kinder nun probieren. Am besten legen sie das Gesicht auf einem Stück Waldboden aus, den sie vorher von Nadeln, Blättern usw. befreit haben. Die Kinder können gemeinsam ein großes Gesicht legen oder jeder Waldkünstler legt ein eigenes Gesicht. Im Anschluss können Sie mit den Kindern alle Gesichter betrachten und der jeweilige Künstler erzählt, welche Materialien er verwendet hat und gibt seinem Gesicht einen Namen.

TIPP Fotografieren Sie das Waldgesicht/die Waldgesichter der Kinder! Die Fotos können in die Lernordner wandern. Die Kinder malen darunter, welche Materialien sie für das Gesicht verwendet haben.

5 Der Waldboden

BEOBACHTUNG

ALTER ab 3 Jahren

ZIELE Sachwissen über den Waldboden und Krabbeltiere, Sprache, Beobachtung, Konzentration

MATERIAL vier Stöcke, Wolle, Sitzkissen, Buch zum Bestimmen von Insekten

Der Waldboden bietet sich für eine genaue Beobachtung an. Hier tummeln sich viele Insekten, Asseln, Ameisen, Wanzen und Käfer. Die Kinder erfahren hier nicht nur interessante Fakten über die kleinen Tiere, sondern sie müssen ruhig sitzen und still sein, um ein Beobachten zu ermöglichen.

Stecken Sie mithilfe der Kinder ein Quadrat von etwa 1 × 1 m auf dem Waldboden ab. Dazu nehmen Sie die vier Stöcke und die Wolle. Die Kinder setzen sich auf ihren Kissen um das Quadrat herum. Für die nächsten fünf bis zehn Minuten (legen Sie die Zeit je nach Konzentrationsfähigkeit der Kinder fest) betrachten die Kinder nun aufmerksam den Boden. Auch wenn es nicht für alle leicht sein wird, still und ruhig zu sitzen, sollte nach Möglichkeit niemand laut sein und die anderen ablenken.

Machen Sie für die Kinder ein Wettspiel daraus: Wer kann am längsten ganz still sitzen? Wer schafft es als Team? Nach der Zeit beenden Sie die Beobachtung und die Kinder schildern, was sie gesehen haben. Die Kinder sollen das Aussehen der Tiere so genau wie möglich beschreiben. Interessant sind auch Details wie deren Farbe, die Anzahl der Beine, das Laufverhalten und die Anzahl der gesichteten Tierchen einer Art.
Mithilfe Ihres Naturlexikons können Sie nun gemeinsam mit den Kindern die Tiere näher bestimmen und deren Namen herausfinden. So finden die Kinder auch mehr über die Lebensweise der Tiere heraus, was diese fressen etc.

Wer lebt auf dem Waldboden?

Der Waldboden ist ein Lebensraum für unzählige Lebewesen, sie sind wichtig für das Ökosystem des Waldes. Manche davon sind so winzig, dass man sie mit dem bloßen Auge kaum erkennen kann. Gut mit dem Auge zu entdecken sind beispielsweise Milben, Asseln, Borstenwürmer, Insektenlarven, Tausendfüßler, Käfer, Spinnentiere und Ameisen. Manchmal auch Regenwürmer oder Schnecken.

TIPP Bitten Sie die Kinder, die Insekten, die sie im Wald sehen und finden, als Lebewesen zu betrachten. Vermitteln Sie eine Wertschätzung und den richtigen Umgang.

VARIATION Anstatt den Waldboden zu beobachten, können die Kinder auch gezielt nach Insekten suchen.

6 Auf dem Waldboden ist was los

KREATIVAKTION

ALTER ab 4 Jahren

ZIELE Feinmotorik, Fantasie und Kreativität, Wissen abrufen

MATERIAL Malblätter, Fingerfarbe in braun, schwarz, grau, Buntstifte, Schälchen, schwarzer Filzstift

Ein Fingerabdruck kann das Malen für die Kinder leichter machen. Der Körper der kleinen Krabbeltiere ist sofort da und wird mit wenigen Strichen ausgestaltet.

Erinnern sich die Kinder noch an die letzte Beobachtung? Welche Tiere haben sie auf dem Waldboden entdecken können? Die Krabbeltierchen können die Kinder ganz leicht malen: Teilen Sie an die Kinder Malblätter aus. Mit Fingerdruck können sie die Insekten nun einfach drucken: Dazu den Finger in die Fingerfarbe tippen und los geht's! Lassen Sie die Kinder selbst herausfinden, wie sie die Tierchen korrekt nachdrucken können. Vielleicht geben Sie z. B. eine **Waldameise** vor: schwarze Fingerfarbe – drei Abdrücke hintereinander – nach dem Trocknen sechs Beine und die Fühler an die Abdrücke malen!

Weitere Tiere

Spinnen: braune oder schwarze Fingerfarbe – ein kleiner und ein großer Fingerabdruck – nach dem Trocknen acht Beine genau zwischen die beiden Abdrücke malen.
Asseln: mit grauer Fingerfarbe – ein Fingerabdruck – nach dem Trocknen 14 Beine, einen kleinen Kopf und zwei Fühler am Kopf malen.
Wanzen: mit brauner Fingerfarbe – ein Fingerabdruck – nach dem Trocknen sechs Beine, einen Kopf und Fühler anmalen.
Regenwurm: mit brauner Fingerfarbe – fünf bis acht Fingerabdrücke hintereinander – nach dem Trocknen ein Auge aufmalen.

TIPP Die Kinder können das Malblatt noch mit Buntstiften weiter ausgestalten.

7 Der Wald ist grün

BEOBACHTUNG

ALTER ab 3 Jahren

ZIELE Farbnuancen erkennen, Sprache, Fantasie

MATERIAL Blätter, Gräser, weißes Laken, Plakat, Laminierfolie und -gerät, Kleber

Wenn wir an die Farbe Grün denken, assoziieren wir damit sofort die Natur bzw. den Wald. Ein Wald ist für uns grün. Aber ist grün immer gleich grün? Bei dieser Aktion finden die Kinder heraus, dass es viele Nuancen von Grün gibt.

Auf diesem Waldspaziergang stellen Sie den Kindern die Aufgabe, Dinge wie Blätter, Gräser und Baumnadeln in der Farbe Grün zu sammeln. Damit sie nicht unmäßige Mengen sammeln oder Blätter von Bäumen abreißen, legen Sie die Anzahl für jedes Kind fest, z. B. drei bis fünf Naturmaterialien pro Kind.
Legen Sie ein weißes Laken an einer Stelle aus, auf der die Kinder ihr Sammelsurium ablegen können. Nach der Sammelaktion setzen Sie sich mit den Kindern um das Laken und betrachten gemeinsam alle Schätze. Auf die Frage, welche Farbe die Kinder sehen, ist die Antwort natürlich: „Grün!“ Aber sind alle Teile gleich grün? Können die Kinder Unterschiede feststellen?
Welches Grün ist das dunkelste?
Welches Grün ist das hellste?
Gibt es gleiche Grüns?

Zuerst sortieren die Kinder „gleiches“ Grün zueinander. Legen Sie mit den Kindern eine Reihenfolge von hell nach dunkel fest. Suchen Sie Namen für die einzelnen Grüntöne, dabei können auch Fantasienamen entstehen wie Tannengrün, Olivgrün, Dunkelgrün, Hellgrün, Erbsengrün, Blassgrün, Zucchinigrün, Grasgrün, Schmutziggrün, Feengrün, …
Nehmen Sie die Blätter und Gräser mit in die Einrichtung und laminieren Sie sie dort ein. Kleben Sie die Reihenfolge auf ein Plakat und schreiben die gefundenen oder erfundenen Namen dazu.

TIPP Zu Beginn der Beschäftigung sollte der Hinweis an die Kinder gehen, nicht wahllos Blätter von den Bäumen zu reißen. Nur in Ausnahmefällen dürfen die Kinder ein Blatt von einem Baum entfernen!

8 Den Wald riechen

NATURERFAHRUNG

ALTER ab 4 Jahren

ZIELE Gerüche unterscheiden, Konzentration, Merkfähigkeit

MATERIAL alles, was man im Wald finden kann, Augenbinde

Der Geruchssinn ist eng verknüpft mit unserer Erinnerung und kann ein wichtiges Werkzeug für das Unterscheiden von Dingen sein. Warum also nicht einmal einen duften(den) Sitzkreis zu gestalten?

Kommen Sie mit den Kindern zu einem Sitzkreis zusammen und bitten die Kinder, mehrmals tief einzuatmen. Was fällt den Kindern beim Einatmen auf? Wie riecht es hier im Wald? Ist ein Geruch besonders stark?
Anschließend gehen die Kinder auf die Suche nach einem Geruch. Jedes Kind kann nach einer gewissen Zeit etwas in den Kreis mitbringen, von dem es denkt, dass es einen besonderen Geruch hat. Sicherlich bringen die Kinder Moos, Tannenzweige, Blätter, Rinde oder Holz mit. Jedes Kind stellt seinen Geruch vor und gibt das Teil an die anderen Kinder weiter, damit auch diese den Geruch wahrnehmen können.

Wenn alle Kinder an der Reihe waren, legen Sie alles in die Mitte und machen ein Riechspiel. Die Kinder halten sich die Augen zu oder bekommen eine Augenbinde. Es wird ihnen etwas unter die Nase gehalten. Erst wenn das Material wieder in der Mitte liegt, öffnet das Kind seine Augen und zeigt auf das, was es gerochen hat. Hat es richtig geraten? Spielen Sie so lange weiter, bis jeder einmal an der Reihe war.

9 Wir waren da

SPIEL

ALTER ab 3 Jahren

ZIELE den eigenen Körper kennenlernen, Kreativität

MATERIAL Stöcke, Zapfen, Blätter

Den eigenen Körper aus einer anderen Perspektive kennenlernen? Staunen, wie groß man ist? Mit Tannenzapfen ist das ganz leicht möglich.

Bei diesem Spiel können die Kinder sich selbst, ihre Größe und die ihrer Gliedmaßen einmal ganz anders wahrnehmen. Die Kinder finden sich zu Paaren zusammen. Ein Kind legt sich mit ausgestreckten Armen und Beinen auf den Rücken, das andere Kind legt den Körperumriss mithilfe der gesammelten Materialien nach. Das liegende Kind steht nun ganz vorsichtig auf, ohne dabei seinen Umriss zu zerstören. Das Abbild wird betrachtet, dann legt sich das andere Kind daneben und der Vorgang wird wiederholt. Sind alle Kinder fertig, können sie ihre Körperumrisse miteinander vergleichen. Die Kinder erkennen: an sich sind alle Umrisse gleich. Alle haben zwei Arme, zwei Beine und unterscheiden sich im Wesentlichen nur in der Größe.

10 Ein Spaziergang im Wald

FANTASIEREISE

ALTER ab 4 Jahren

ZIELE entspannen, zur Ruhe kommen

MATERIAL Decke und Kissen, Entspannungsmusik, Malblätter, Stifte

Fantasiereisen oder auch Entspannungsgeschichten laden zum Träumen und Entspannen ein. Die Kinder begeben sich in der Fantasie auf eine Reise, die zu positiven Gedanken und Gefühlen verhilft. Das Besondere an Fantasiereisen ist dabei, dass sie kaum Vorbereitung benötigen und fast überall durchgeführt werden können. Machen Sie beim Vorlesen immer wieder kleine Pausen, damit die Kinder das Gehörte verarbeiten können.

Dunkeln Sie den Gruppenraum etwas ab oder sorgen Sie für gemütliches Licht. Spielen Sie auch leise Entspannungsmusik oder Waldgeräusche ab. Dann dürfen sich die Kinder eine Decke und ein Kissen nehmen und sich einen Platz suchen. Wenn alle ruhig liegen, beginnen Sie mit der Geschichte.

Leg dich bequem hin, such dir eine Position, in der du dich wohlfühlst. Lass deine Arme und deine Beine ganz ruhig liegen. Atme tief ein und wieder aus. Schließ die Augen und komm mit auf eine kleine Reise:
Stelle dir vor, du gehst einen Weg entlang und in der Ferne kannst du einen Wald entdecken.
Der Weg führt direkt in den Wald. Schon stehst du am Waldrand und schaust dich um.
Du kannst dort viele unterschiedliche Bäume und Sträucher sehen.
Die Sonne strahlt und macht den Waldweg hell und freundlich.
Du gehst langsam in den Wald hinein und spürst den Weg unter deinen Füßen. Er ist nicht eben und glatt. Kleine Steinchen und Stöckchen liegen auf dem Weg. Die knacken ganz leise, wenn du drüberläufst.
Die Waldbäume stehen dicht beieinander, ein angenehmer Waldgeruch steigt in deine Nase
Du folgst dem Weg, einmal geht er nach links, dann wieder nach rechts.
Geh immer weiter in den Wald hinein.
Der Wald macht Geräusche, ein leises Knacken.
Ein Rauschen der Blätter.
Es ist für dich ganz und gar angenehm.
Du genießt diese Geräusche, sie geben dir Ruhe und Geborgenheit.
Bleib jetzt auf dem Waldweg stehen und rieche die reine, klare Luft des Waldes.
Atme tief ein und aus. Du nimmst den Wald ganz und gar wahr.
Du gehst zu einem Baum und streckst deine Hand aus, spürst die Rinde, die sich unter deiner Hand rau anfühlt.
Schau nach oben, beobachte, wie sich die Blätter ganz langsam im Wind bewegen, beobachte sie, nimm all die Eindrücke in dich auf.
Auch das Rascheln der Blätter hörst du jetzt ganz genau.

Bereite dich nun auf den Heimweg vor.
Rieche und höre ein letztes Mal den Wald.
Geh den Weg wieder zurück und nimm das Gefühl der Ruhe mit.
Nun kehre langsam mit geschlossenen Augen aus der Fantasiewelt zurück, fühl deine Beine und deine Arme.
Strecke Arme und Beine, räkle dich und öffne die Augen, atme nochmals tief durch und wenn du wieder im Kindergarten angekommen bist, setz dich auf.

Lassen Sie die Kinder wieder im Hier ankommen. Im Anschluss können die Kinder die Eindrücke, die sie aus der Geschichte mitnehmen, malen. Dabei sollte weiter eine ruhige Atmosphäre herrschen und wieder leise Musik im Hintergrund zu hören sein.
Wenn alle Kinder ihre Aufgabe beendet haben, darf jeder sein Bild vorstellen und dazu erzählen, was er auf „seinem" Spaziergang empfunden oder erlebt hat.

11 Wie funktioniert ein Baum

MALGESCHICHTE

ALTER ab 4 Jahren

ZIELE Sachwissen über Bäume erlangen, Sprache, Feinmotorik

MATERIAL Malblätter, Buntstifte

Bäume sind die größten Pflanzen auf unserer Erde. Aber genau wie alle anderen Pflanzen entstehen auch sie aus einem winzigen Samen, der sich zum Keimling und anschließend zu einer kleinen Pflanze entwickelt. Aber wie „lebt" ein Baum und was benötigt er dazu? Bei dieser Malgeschichte erfahren es die Kinder.

Haben die Kinder Lust auf eine Malgeschichte? Das ist eine Geschichte, bei der sie malen dürfen, während sie zuhören. Am besten funktioniert die Malgeschichte am Tisch. Legen Sie Buntstifte für die Kinder bereit. Jedes Kind sucht sich ein Malblatt aus, dann kann es schon losgehen.

Der Samen liegt in der Erde. Er erwacht und treibt eine kleine Wurzel in die Erde. Oben gucken zwei kleine Blättchen aus der Erde.
Pause – die Kinder malen den Samen, der in der Erde eine Wurzel bekommt und oben zwei kleine Blättchen hat

Mit seiner Wurzel hält er sich im Erdreich fest, so kann aus dem kleinen Hälmchen langsam ein dicker Stamm wachsen.
Pause – die Kinder malen einen Stamm

Aus dem Stamm formen sich viele dicke und dünne Äste, die sich auch mal teilen und verzweigen.
Pause – die Kinder malen Äste und Zweige

Und genauso macht es auch die Wurzel: Sie verzweigt sich und wird breiter und breiter.
Pause – die Kinder malen eine größere Wurzel

An den Zweigen hängen viele Blätter, große und kleine
Pause – die Kinder malen an die Zweige Blätter

Waldbäume

Die meisten Wälder in Deutschland sind sogenannte Laub-Mischwälder aus Buchen und Eichen oder Nadelwälder aus Fichten oder Kiefern, aber auch Tannen und Lärchen kommen in gebirgigen Gegenden vor. Der häufigste Waldbaum ist die Fichte, dicht gefolgt von der Buche und der Eiche.

Ein Baum ist entstanden. Wenn er Durst hat, trinkt er Wasser mit seinen Wurzeln.
Pause – die Kinder malen unterhalb der Wurzeln Wasser

Dieses Wasser steigt im Stamm hoch zu den Ästen und versorgt die Blätter.
Pause – die Kinder malen das Wasser hochsteigend bis zu den Blättern.

Dort verdunstet es und steigt in Form von winzigen Wasserdampftropfen nach oben in den Himmel auf. Dort sammelt sich das Wasser und wird zu einer Wolke.
Pause – die Kinder malen eine Wolke

Wenn die Wolke zu schwer wird, entlässt sie die vielen kleinen Regentropfen als Regen auf die Erde.
Pause – die Kinder malen den Regen

Ein Baum braucht neben dem Wasser und der Erde auch das Licht.
Pause – die Kinder malen eine Sonne

An dieser Stelle können Sie die Malgeschichte beenden. Bestimmt möchten die Kinder sich noch dazu austauschen und sich ihre Bilder gegenseitig vorstellen. Geben Sie den Kindern nach dem Besprechen noch etwas Zeit, um ihren Baum anzumalen und das Blatt auszugestalten.

TIPP Während der Geschichte sollten die Kinder am besten nur in Strichen arbeiten. Erklären Sie, dass die Kinder fürs Ausmalen später noch Zeit haben.

Laubbäume

Die **Eiche** ist ein Laubbaum mit länglichen Blättern und einer knorrigen Rinde. Die Blätter sind rund ausgebuchtet. Die Früchte sind die Eicheln. Im Herbst wirft der Baum seine Blätter ab.

Die **Buche** ist ein Laubbaum mit eiförmigen Blättern, die am Rand etwas gewellt sind, und die Rinde ist glatt. Die Früchte heißen Bucheckern. Im Herbst verliert der Baum seine Blätter.

Die **Birke** ist ein Laubbaum mit spitz zulaufenden herzförmigen Blättern und einer weißen Rinde. Die Blütenstände der Birke werden Kätzchen genannt. Im Herbst verliert der Baum seine Blätter.

Der **Ahorn** ist ein Laubbaum mit Blättern, die aussehen wie eine Hand. Er hat eine glatte Rinde. Die Früchte sehen aus wie kleine Propeller und genau wie echte Propeller drehen sie sich in der Luft, wenn sie vom Baum zu Boden fallen. Sie bestehen aus einem Nüsschen (Samenkorn) und einem Flügel. Im Herbst wirft der Baum seine Blätter ab.

Die **Linde** ist ein Laubbaum mit Blättern, die aussehen wie Herzen. Die Früchte sind drei kugelige Nüsschen an einem Stiel. Die Rinde ist erst glatt, doch je älter der Baum wird, desto rissiger wird die Rinde, weil sie beim Wachsen aufplatzt. Im Herbst verliert der Baum seine Blätter.

12 Wir gestalten einen Baum

KREATIVAKTION

ALTER ab 3 Jahren

ZIELE Sachwissen Baum, Kreativität, Fantasie

MATERIAL Rinde, Stöcke, Blätter, dicker Karton von mindestens 1 m Länge und 1 m Breite, Flüssigkleber, Heißkleber

Aus Rinde, Stöcken und Blättern einen eigenen Baum gestalten? Mit Fundstücken aus dem Wald erschaffen die Kinder hier ihren eigenen Fantasie-Baum.

Im Wald sammeln die Kinder verschiedene Stöckchen, herabgefallene Zweigstücke, Rindenstücke und Blätter. Die Naturmaterialien sollten zeitnah verarbeitet werden, da die Blätter sonst möglicherweise bröselig werden.

Zurück in der Kita legen Sie gemeinsam mit den Kindern die Materialien aus. Wie könnte aus diesen Stückchen und Schätzen ein Baum entstehen? Beginnen Sie, die Rinde und Stöcke auf einem großen Stück Karton anzuordnen. Die Rinde als Baumstamm, die Stöcke werden zu den Ästen und Zweigen des Baumes. Wenn der Baum so liegt, ist es ein kahler Baum wie im Winter. Bevor er die Blätter bekommt, wird er am Karton angeklebt. Dazu können Sie eine Heißklebepistole benutzen, damit die Rinde und Stöcke besser halten. Jetzt versehen die Kinder den Baum mit einem Blätterdach, dazu verwenden sie am besten Flüssigkleber. Wenn die Bastelarbeit beendet ist, kann der Baum an einer Wand aufgehängt werden.

TIPP Wenn Sie die Möglichkeit haben, gestalten Sie verschiedene Baumarten. Dabei die Rinde, die Äste, die Blätter und Früchte vom jeweils „echten“ Baum verwenden. So können sich die Kinder die Namen und Eigenschaften der verschiedenen Baumarten einprägen und draußen in der Natur besser erkennen.

13 Handabdruck „Baum“

KREATIVAKTION

ALTER ab 2 Jahren

ZIELE Feinmotorik, Kreativität

MATERIAL Malblätter, Fingerfarbe in braun und grün, Pinsel, Seidenpapier in Grüntönen, Wasserfarbe in grün, Kleber

Aus einem einfachen Handabdruck lassen sich viele tolle Waldbilder zaubern. Wie das funktioniert? Drei Beispiele illustrieren, wie aus einer Hand ein toller Baum werden kann.

Eine Hand mit brauner Fingerfarbe bestreichen und diese mit gespreizten Fingern auf das Blatt drücken. Die Finger sind die Äste des Baumes. Mit dem Pinsel wird am Handballen eine Verlängerung, als Stamm gemalt.

Nach dem Trocknen geht es weiter:

1. Aus grünem Seidenpapier reißen die Kinder kleine Stückchen, die sie zu Kügelchen formen. Diese Kügelchen werden als Blätter und Früchte an die Äste geklebt.
2. Grüne Fingerfarbe in ein Schälchen: Nun können die Blätter des Baumes als Fingerabdruck entstehen.
3. Mit grüner Wasserfarbe und einem Pinsel tupfen die Kinder das Blätterdach des Baumes.

14 Rinden-Struktur

KREATIVAKTION

ALTER ab 4 Jahren
ZIELE Baumrinde kennenlernen, Feinmotorik
MATERIAL Papier, Wachsmalstifte

Jede Baumart hat eine andere Rindenstruktur. Die Kinder lernen die Unterschiede der verschiedenen Baumarten hier auf fantasievolle Art und Weise kennen.

Die Kinder bekommen ein Blatt und Wachsmalkreide und dürfen sich einen Baum aussuchen, dessen Rinde sie malen wollen. Für das Malen der Baumrinde wird ein Blatt Papier auf die Rinde eines Baumes gelegt. Anschließend fahren die Kinder mit einem Wachsmalstift mit leichtem Druck über das Papier. Auf diese Weise erhält man einen Abdruck von der Rindenstruktur des Baumes. Im Anschluss kommen alle im Kreis zusammen und die Kinder können ihre Rindenbilder miteinander vergleichen bzw. Unterschiede oder Gemeinsamkeiten feststellen. Vielleicht lässt sich die Baumart anhand der Rinde bestimmen?

TIPP Mit einem Stück Kreppklebeband das Blatt am Baum befestigen, so fällt es den Kindern leichter, die Baumrinde abzumalen.

Baumrinde

Die Rinde ist für einen Baum so etwas wie für uns die Haut. Sie soll den Baum schützen, z. B. vor Insekten-Angriffen, vor Krankheiten, vor Frost oder zu viel Sonne. Wie die Rinde eines Baumes aussieht, hängt auch davon ab, wo er wächst. Dort, wo Bäume ungeschützt dem Wetter ausgesetzt sind, auf freien Flächen z. B., schützen sie sich mit besonders dicker, schuppiger Rinde, etwa eine Eiche. Die Buche ist vor allem in dunkleren Wäldern zu finden. Dort wächst sie langsam im Schutz und Schatten anderer Bäume. Ihre Rinde ist deshalb recht dünn und eher glatt. Eine Birke hat einen fast weißen Stamm, der sie nicht nur vor der Sonne schützt, sondern vor Pilzen und Tierfraß. So hat jeder Baum seine Strategien. – Nur eines haben fast alle gemeinsam: Im Laufe der Jahre wird die Rinde immer dicker und auch rissiger. Denn wenn der Baum innen wächst, wird die äußere Schale zu klein. Sie platzt auf. Von innen wächst die Rinde dann immer wieder nach, damit die Schutzschicht erhalten bleibt.

15 Blätterdruck

KREATIVAKTION

ALTER ab 4 Jahren

ZIELE genaues Betrachten, Feinmotorik, Technik „Drucken“ erfahren

MATERIAL Blätter, Wasserfarben, Pinsel, Wasser, Glas, große Malblätter, Well-Holz oder leere Flaschen

Wie sehen eigentlich die Blätter der Waldbäume genau aus? Um den Aufbau von Blättern spielerisch zu erfahren, eignet sich diese kleine Malaktion.

Auf einem Tisch breiten Sie mit den Kindern die selbst gesammelten Blätter aus. Die Kinder dürfen die Blätter in Ruhe untersuchen und betasten: Wie fühlt sich das Blatt an? Ist es glatt? Kann man Strukturen ertasten? Erkennen die Kinder die Adern im Blatt?
Anschließend bemalen die Kinder die geaderte Seite der Blätter mit Wasserfarbe. Die bemalten Blätter auf das Malpapier legen und mit einem weiteren Blatt Papier oder einem Stück Zeitung abdecken. Damit sich die Blätter auch schön gleichmäßig abdrücken, mit einem Wellholz oder einer leeren Flasche drüberrollen. Jetzt nehmen die Kinder das Papier wieder ab und können vorsichtig die Blätter vom Papier abziehen.

Blattadern

Die Blattadern dienen der Wasserversorgung des Blattes und somit der Nährstoffversorgung. Die Blätter haben für den Baum eine wichtige Funktion: Sie helfen ihm beim Atmen. Anders als wir Menschen ernähren sich die Bäume nämlich von Sonnenlicht, Wasser und winzigen Nährstoffen, die im Boden sind. All das wird durch die Adern im Baum und in den Blättern weitergeleitet – so ähnlich wie in unserem Körper Nährstoffe durch die Blutbahnen, also Adern und Venen, transportiert werden.

Wie Bäume atmen

Zum Atmen brauchen Bäume Sonnenlicht und Luft. Man nennt diese Atmung beim Baum Fotosynthese. Dabei verwandeln Pflanzen Kohlenstoffdioxid in Sauerstoff. Das Kohlenstoffdioxid nehmen sie aus der Luft auf. Die Fotosynthese geschieht dann in den grünen Teilen der Pflanzen. Sie sind grün, weil sie in ihren Zellen kleine grüne Farbstoffteile haben. Dieser Farbstoff heißt Chlorophyll. Er spaltet das Kohlenstoffdioxid zuerst auf und setzt es dann mithilfe des Sonnenlichts und des Wassers, das ein Baum mit den Wurzeln aufnimmt, neu zusammen zu Traubenzucker. Das brauchen die Bäume zum Wachsen. Bei der Fotosynthese entsteht Sauerstoff. Den brauchen die Pflanzen nicht, deswegen geben sie ihn zurück in die Luft.
Für uns Menschen ist die Fotosynthese so wichtig, weil wir und alle Tiere beim Atmen genau das Umgekehrte tun wie die Pflanzen: Wir produzieren durch das Atmen Kohlendioxid und brauchen Sauerstoff. Dies ist ein wichtiger Kreislauf der Natur.

16 Baumkartei

KREATIVAKTION

ALTER ab 4 Jahren

ZIELE Bäume und ihre Früchte kennenlernen

MATERIAL Kopiervorlagen „Laubbäume – Blätter und Früchte“ sowie „Nadelbäume und ihre Zapfen“, pro Baum: Blatt, Frucht/Zapfen und Rinde, Bilder von den jeweiligen Bäumen, DIN-A3-Blatt pro Baum/Plakat, Stifte, Schere, Kleber

---

Ein Nachschlagewerk zum Anfühlen: Bei dieser Idee legen sich die Kinder eine eigene Kartei für die Waldbäume an, die man angucken, aber auch befühlen kann.

Die Kinder starten eine Sammelaktion, bei der sie von verschiedenen Baumarten ein Blatt, eine Frucht und ein Stück Rinde oder einen Rindenabdruck sammeln. Zusätzlich können Fotos von den Bäumen gemacht werden. Die Bäume werden bestimmt und die Dinge werden je nach Baumart geordnet auf ein Blatt oder Plakat geklebt. Nun können die Kinder daraus eine Baumausstellung gestalten. Entdecken die Kinder einen neuen Baum, können sie ihre Ausstellung jederzeit erweitern.

VARIATION Legen Sie für jeden Baum eine eigene kleine Schachtel an. Auf den Deckel kleben die Kinder beispielsweise ein Bild des Baumes. In die Schachtel kommen dann die Rinde, die Frucht und das Blatt. Hier bietet es sich an, das Blatt durch Laminieren haltbar zu machen.

17 Unter der Baumrinde

BEOBACHTUNG MIT KREATIVEM ANGEBOT

ALTER ab 4 Jahren

ZIELE Sachwissen über Insekten, Beobachtung, Kreativität

MATERIAL Kamera, Lupen, Bestimmungsbuch, Tonkarton in braun, Tonpapier in weiß, schwarz, hellbraun, grau, Schere, Kleber, Stifte

Ein umgestürzter Baum, aber auch einzelne Äste bieten Lebensraum für viele Insekten. Dazu gehören alle, die sich in irgendeiner Phase ihres Lebens von totem Holz ernähren.

In einem abgesteckten Waldabschnitt gehen die Kinder auf die Suche nach am Boden liegenden Bäumen. Wenn sich alle um ein solches Fundstück versammelt haben, wird vorsichtig ein Stück der Rinde angehoben. Halten Sie hier die Kamera bereit, da viele Insekten so flink sind, dass sie – bevor man sie richtig sehen kann – schon wieder weg sind. Die verbliebenen Tiere können die Kinder nun in Ruhe betrachten und beobachten. Anhand eines Bestimmungsbuches können Sie mit den Kindern die Namen der Insekten bestimmen.

Möchten die Kinder ihre Eindrücke auch künstlerisch festhalten und einen „Blick unter die Rinde" gestalten? Falten Sie einen Bogen Tonkarton längs und pinnen Sie ihn an die Wand, sodass die obere Hälfte angehoben werden kann. Zeigen Sie das Foto von der Baumrinde oder rufen Sie in Erinnerung, welche Insekten die Kinder unter der Baumrinde gesehen haben. Legen Sie

Totholz

Vom Sturm entwurzelte Bäume oder liegen gebliebene gefällte Stämme, abgefallene Äste und Zweige: Totholz ist ein wichtiger Lebensraum für Insekten. Über 110 Borkenkäferarten besiedeln abgestorbene Bäume. Die kleinen Käfer sind nur wenige Millimeter groß, während Bock- und Prachtkäfer einfacher zu entdecken sind und bis zu 2 cm groß werden. Auch Larven von Feuerkäfern, Fliegen und die Schwammfresser sind unter der Rinde zu finden. Wildbienen legen ihre Eier unter der Rinde ab. Aber auch größere Tiere leben in und an totem Holz. Igel z. B. verkriechen sich unter dürren kleineren Ästen und Laub, Spechte hämmern sich Höhlen in abgestorbene Baumstämme.

das Tonpapier bereit und die Kinder wählen aus, welches Insekt sie gestalten. Geben Sie bei der Bastelaktion Hilfestellung, wenn nötig. Nach der Fertigstellung kleben die Kinder ihr Insekt in den gefalteten Tonkarton.
Statt die Insekten zu basteln, können die Kinder die Tiere auch aufmalen und anschließend ausschneiden. Die Außenseite des Tonkartons können die Kinder noch mit Rinde bekleben oder mit Buntstiften als Rinde gestalten.

18 Wir pflanzen eine Eiche

VERSUCH

ALTER ab 3 Jahren

ZIELE Sachwissen über die Eiche, Sachwissen über das Wachstum der Eiche, Sprache

MATERIAL drei bis sechs Eicheln, Wasser in einem Glas, zwei Blumentöpfe, Blumenerde

Die Eiche findet man in unseren Wäldern sehr häufig. Sie ist an ihren Blättern und ihren Früchten, den Eicheln, gut zu erkennen. Unter einer Eiche können die Kinder Eicheln sammeln – und dabei ins Staunen kommen, dass aus so einer kleinen Eichel einmal ein so großer Baum werden kann.

Da die Eiche sehr viele Früchte ausbildet und abwirft, können fast zu jeder Jahreszeit Eicheln gesammelt werden. Sammeln Sie mit den Kindern etwa sechs Eicheln und legen Sie diese über Nacht in ein Glas Wasser.
Kommen Sie mit den Kindern zu einem Kreis zusammen und stellen das Glas Wasser mit den Eicheln in die Mitte.
Rufen Sie bei den Kindern die Sammelaktion der Eicheln und den Baum Eiche in Erinnerung: „Wisst ihr noch, wir haben uns gestern eine Eiche angeschaut. Auch diese Eiche war einmal eine Eichel, bis aus ihr ein Baum gewachsen ist. Wir haben diese Eicheln gestern in ein Glas Wasser gelegt, denn so kann das Wasser gut durch die Schale ins Innere der Eichel eindringen."
Diese Eicheln legen Sie in die zwei Blumentöpfe mit Erde und streuen weitere Erde darüber. Nicht andrücken! Stellen Sie die beiden Blumentöpfe auf die Fensterbank und halten die Erde stets feucht.
Nach etwa drei bis vier Wochen zeigt sich ein kleiner Trieb. Nach und nach bilden sich Blätter aus und nach zwei Monaten können die Kinder bereits das typische Eichenblatt erkennen. Der „Stamm" der Eiche wird schon nach vier Monaten braun. Ab da wächst die Eiche für die Kinder kaum noch sichtbar. Pflanzen Sie mit den Kindern die Eiche ins Freie und besuchen diese von Zeit zu Zeit gemeinsam.

TIPP Da nicht alle Eicheln austreiben, sollten Sie jeweils drei Eicheln pro Blumentopf einpflanzen. Da die Wurzeln viel Platz brauchen, sollten Sie, wenn der erste Trieb da ist, sofort die anderen beiden entfernen.

2

SPIEL & BEWEGUNG RUND UM DEN WALD

Den Wald einmal auf spielerische Weise entdecken. Spiele in und mit der Natur üben einen besonders großen Reiz auf die Kinder aus und lassen so Freude und Begeisterung für den Lebensraum „Wald“ aufkommen.

19 Gedächtnisspiel

SPIEL

ALTER ab 4 Jahren

ZIELE Merkfähigkeit, Konzentration

MATERIAL zwei Tücher; fünf bis acht Dinge, die man im Wald finden kann, das können zwei verschiedene Blattarten, eine Blume, Rinde, Waldfrüchte wie Eicheln sein; für jedes Kind ein Behältnis

Gedächtnistraining im Wald? Bei dieser Schatzsuche im Wald können die Kinder ihre Merkfähigkeit testen – und haben Riesenspaß dabei.

Kommen Sie mit den Kindern zu einem Kreis zusammen und breiten ein Tuch aus. Darauf legen Sie nacheinander die fünf bis acht Dinge aus dem Wald. Geben Sie den Kindern kurz Zeit, um sich die Gegenstände einzuprägen, und decken Sie sie dann mit dem zweiten Tuch ab. Die Kinder erhalten alleine oder zu zweit ein Behältnis und die Aufgabe, die gleichen Sachen, die jetzt unter dem Tuch versteckt sind, zu suchen und zu finden. Den Kindern sollte dafür ausreichend Zeit zur Verfügung gestellt werden. Wenn alle fertig sind, kommen sie wieder zum Kreis zurück. Nun wird das Tuch aufgedeckt.
Jeder einzelne Gegenstand wird angesprochen und die Kinder präsentieren jeweils ihre passenden Funde. Sieger ist, wer alles gefunden hat.

20 Laubblaser und Laubsauger

SPIEL

ALTER ab 2,5 Jahren

Ziele Mundmotorik, Konzentration

Material für jedes Kind einen Strohhalm (aus Umweltgründen verzichten Sie auf Trinkhalme aus Plastik, der Handel bietet dazu sehr gute Alternativen aus Papier, Stroh oder sie nehmen Makkaroni), Laubblätter

Durch Blas- und Ansaugspiele wird die Lippenmuskulatur der Kinder gekräftigt und die Mundmotorik trainiert.

An jedes Kind einen Strohhalm austeilen und die Laubblätter auf dem Tisch verteilen. Durch Anpusten mit dem Halm können die Kinder die Blätter bewegen. Wer kann ein Blatt von einem Ende des Tisches zum anderen Ende blasen? Danach ist der Laubsauger dran. Die Kinder versuchen, durch Ansaugen ein Blatt am Strohhalm zu halten. Dabei können die Kinder versuchen, das Blatt an einen anderen Ort zu tragen. Daraus kann sich ein Aufräumspiel entwickeln, hier saugen die Kinder die Blätter an und lassen sie über einer Schachtel wieder los.

21 Blätter

ZUORDNUNGSSPIEL

ALTER ab 2 Jahren

ZIELE Merkfähigkeit, Konzentration

MATERIAL verschiedene Blätter, Tonpapier in einer beliebigen Farbe, Schere, Kleber, Laminiergerät und -folie

Dieses Spiel ist schnell und einfach herzustellen. Sofort nach einer Blätter-Sammelaktion kann das Spiel hergestellt werden. Denn durch das Laminieren müssen die Blätter nicht im Vorfeld gepresst werden.

Das Tonpapier in 15 × 15 cm große Quadrate schneiden. Die Anzahl der Quadrate richtet sich danach, wie groß das Memory werden soll. Bei Kindern unter drei Jahren reichen fünf bis acht Blattpaare aus. Die Kinder suchen aus den gesammelten Blättern zwei möglichst identische Exemplare aus. Die Blätterpaare mit Kleber jeweils auf zwei Karten aufbringen und danach laminieren. Schon kann gespielt werden.

TIPP Vor dem Laminieren kann die Rückseite der Karten einheitlich gestaltet werden.

22 Finde den Baum

SPIEL

ALTER ab 4 Jahren
ZIELE Konzentration, Tastsinn
MATERIAL Augenbinde

Mit verbundenen Augen etwas ertasten ist für Kinder eine Herausforderung.

Kommen Sie mit den Kindern zu einem Kreis zusammen. Wie kann man wohl einen Baum erkennen, wenn man ihn nicht sehen kann? Haben die Kinder Ideen? Durch Tasten ist das möglich. An einem Baum in der Nähe können die Kinder das gleich testen: Wie fühlt sich die Rinde an? Vergleichen Sie ihre Eindrücke gemeinsam an einem zweiten Baum. Könnte man daraus ein Spiel erfinden?

Suchen Sie gemeinsam fünf Bäume auf. Hier können Sie die Bäume zusätzlich gemeinsam bestimmen. Die Kinder haben Zeit, diese durch Tasten zu erkunden. Danach werden einem Kind die Augen verbunden und es wird zu einem der fünf Bäume geführt. Es hat nun die Möglichkeit, den Baum zu ertasten, und anschließend geht es zurück zum Ausgangspunkt.

Das Kind nimmt die Augenbinde ab und zeigt auf den Baum, den es ertastet hat. Stimmt die Aussage, ist das nächste Kind an der Reihe. Wenn nicht, erhält es eine zweite Chance, um den Baum zu benennen.

Erschweren Sie das Spiel, indem die Kinder nicht auf direktem Weg zum Baum geführt werden. So können Sie sich den Weg zum Baum nicht einprägen.

23 Hindernisparcours im Wald

BEWEGUNG

ALTER ab 4 Jahren

ZIELE Körperbewusstsein, Freude an der Bewegung, Kreativität

MATERIAL alles, was der Wald bietet; Absperrband

Hier bauen die Kinder aus Ästen, Stämmen und Blättern einen eigenen Hindernisparcours und können dabei ihrer Fantasie freien Lauf lassen.

Kommen Sie mit den Kindern im Wald zusammen und stellen Sie ihnen die Aufgabe, eine Hindernisstrecke aufzubauen. Sprechen Sie darüber, wie eine solche Strecke aussehen kann. Was könnte man dafür verwenden? Wie könnten die Hindernisse genau aussehen? Wie viel Platz braucht man?
Legen Sie gemeinsam die Länge der Strecke von ca. 10 m mit einem Absperrband fest. So halten die Kinder die Richtung der Strecke ein. Lassen Sie die Kinder zuerst alleine loslegen und unterstützen Sie sie nur, wenn nötig. Wenn die Kinder eine Idee haben, aber die Ausführung fehlt, zeigen Sie Möglichkeiten zur Umsetzung auf.

Mögliche Hindernisse:

- über Blätterhaufen steigen
- über Äste springen
- über Stämme balancieren
- Slalom um Zapfen laufen
- einen Kriechtunnel aus Zweigen bauen
- eine Brücke bauen

Wenn die Kinder den Parcours aufgebaut haben, gehen alle gemeinsam den Parcours durch. Anschließend dürfen die Kinder an den einzelnen Hindernissen weiterspielen.

24 Ein Baumstamm

NATURERFAHRUNG

ALTER ab 4 Jahren

ZIELE Beobachtungsgabe, Gleichgewichtssinn trainieren, Bäume näher kennenlernen

MATERIAL ein Baumstamm

Bäume und Holz lernen die Kinder bei dieser kleinen Aktion einmal ganz neu kennen.

Gehen Sie im Vorfeld schon einmal durch den Wald, um einen auf dem Boden liegenden Baumstamm zu entdecken, oder erkundigen Sie sich im Forstamt nach einem gefällten Baum. Gemeinsam besuchen Sie dann den Stamm: Zuerst betrachten ihn die Kinder, schreiten ihn vielleicht einmal ab und setzen dabei Fuß vor Fuß, um festzustellen, wie viele Füße er lang ist. Die Kinder können einen Baum der gleichen Art anhand der Rinde suchen, der noch nicht gefällt ist. Dieser hat vielleicht noch Blätter und kann dann leichter bestimmt werden.
Die Kinder stellen sich in einer Reihe nebeneinander auf den gefällten Baum. Wer kann alleine stehen? Alle balancieren über den Baumstamm. Dabei können die Kinder einmal die Hände zur Seite strecken, dann nach unten halten oder nach oben strecken und herausfinden, wie das Balancieren dadurch einfacher oder schwieriger wird.

VARIATION Zwei Kinder müssen auf dem Stamm aneinander vorbeibalancieren. Wie kann das am besten gelingen? Können sich die Kinder helfen oder funktioniert es, wenn sie die Hände auf den Rücken halten? Weitere Ideen: auch einmal über den Baumstamm hüpfen (brauche ich meine Hände oder kann ich ohne Hände drüberspringen?).

Zum Schluss fragen Sie die Kinder nach ihrer Vermutung, wie alt der Baum war, als er gefällt wurde. Wie könnte man das Alter eines Baumes feststellen? Das Alter des Baumes lässt sich durch Abzählen der Jahresringe bestimmen. Zu einem Jahr gehören immer zwei Ringe, ein dunkler und ein heller. Zählen Sie gemeinsam!

TIPP Die Kinder malen ihr Alter in Jahresringen. So muss ein fünfjähriges Kind zehn Ringe ineinandermalen.

3

Geräusche & Klänge aus dem WALD

Im Wald finden wir zahlreiche Klänge und Geräusche – nicht von Menschenhand gemacht. Viele dieser Geräusche sind einzigartig, etwa das Rauschen der Blätter. Mit verschiedenen Tönen und Materialien wird die Natur nachempfunden und hörbar.

25 Würmchen will hoch hinaus

KLANGGESCHICHTE

ALTER ab 3,5 Jahren

LERNZIELE Umgang mit Instrumenten, Sachwissen über den Aufbau eines Waldes, Sachwissen über die Bewohner eines Waldes, Konzentration, Merkfähigkeit

MATERIAL Glockenspiel, drei bis vier Rasseln, Trommel, Triangel, Klanghölzer, Holzblocktrommel

Mit dieser Klanggeschichte wird der Aufbau des Waldes verdeutlicht. Durch die unterschiedliche Höhe der Pflanzen entstehen im Wald verschiedene Stockwerke. Den „Keller“ des Hauses bildet die Wurzelschicht. Das „Erdgeschoss“ nennt man Bodenschicht. Darauf folgt der „erste Stock“, die sogenannte Krautschicht. Die Strauchschicht bildet den „zweiten Stock“. Die Baumschicht ist das „Dachgeschoss“. Mit einer Klanggeschichte werden die Stockwerke erklärt und miteinander verknüpft.

Lesen Sie die Geschichte zu Beginn ohne Instrumente vor. Anschließend benennen die Kinder die Tiere, die in der Geschichte genannt werden. Stellen Sie den Kindern die Instrumente vor und geben ihnen dabei die Möglichkeit zum Ausprobieren und Kennenlernen. Die Instrumente können die Kinder den Tieren nach eigenen Eindrücken und Ideen zuordnen, etwa:

Würmchen – Glockenspiel
Mäuse – Rasseln
Schnecke – Trommel
Schmetterling – Triangel
Eichhörnchen – Klanghölzer
Eule – Holzblocktrommel

Lesen Sie die Geschichte nun erneut vor und machen Sie an Schlagwortstellen eine Sprechpause, sodass die Kinder die Instrumente einsetzen können. Halten Sie dabei stets Blickkontakt zu den Kindern.

Geschichte

In einem grünen Wald hat ein Regenwurm sein Zuhause. Er heißt **Würmchen** und lebt zwischen den Wurzeln eines großen Eichbaums. **Würmchen** kriecht in der Erde und kann dabei seiner Lieblingsbeschäftigung nachgehen, dem Fressen von Erdklümpchen. Dabei trifft er immer wieder Freunde wie eine **Mäuse**familie, auch sie lebt unter der Erde. Doch die **Mäuse**familie hat nur ihren Schlafplatz und ihre Essensvorräte unter der Erde. Die **Mäuse**familie erklärt **Würmchen**, dass er in der Wurzelschicht, also im Keller des Waldes, sein Zuhause hat. Sie, die **Mäuse**, halten sich nicht nur im Keller auf, sondern auch auf der Bodenschicht, dem Erdgeschoss des Waldes. Denn dort finden **Mäuse** leckeres Fressen wie die Früchte der Bäume. Da fasst **Würmchen** den Entschluss, er will hinauf ins Erdgeschoss, und gräbt sich nach oben aus dem Keller hinaus. Als **Würmchen** den ersten Blick aus dem Keller wagt, sieht er weiches Moos und herabgefallene Blätter und Nadeln. Auf dem Boden wuseln die verschiedensten Tiere, Spinnen, Asseln, Käfer und Wanzen. Nur ein Tier ist etwas langsamer, die **Schnecke** Horst, die spricht **Würmchen** an. „Bin ich hier richtig auf der Bodenschicht?" „Ja, du bist im Erdgeschoss des Waldes", antwortet die **Schnecke** Horst. „Hier ist aber mächtig was los und jeder hat etwas zu tun", sagt **Würmchen** zur **Schnecke**. „Ich auch, ich muss heute noch eine weite Wegstrecke zurücklegen, ich muss in den ersten Stock des Waldes", spricht die **Schnecke** und kriecht weiter. Jetzt ist **Würmchen** verwirrt, gibt es noch ein Stockwerk im Wald? Nicht nur den Keller mit den Wurzeln und das Erdgeschoss, nein, es gibt noch einen ersten Stock? „Halt, darf ich dich begleiten?", fragt **Würmchen** die **Schnecke**. „Meinetwegen", antwortet die **Schnecke**. **Würmchen** kriecht hinter der **Schnecke** über den weichen Waldboden. Bis die Schnecke die Richtung verändert und es an einem dicken Grashalm nach oben geht. „Hier sind wir im ersten Stock", sagt die **Schnecke**, und schon hat sie den Mund voll mit Gras. **Würmchen** sieht sich um und „summ, summ", was ist denn das? Von überallher summt es. Würmchen sieht nach oben und dort sitzt das schönste Tier, das er je gesehen hat. Ein **Schmetterling** mit Namen Gaby steckt gerade seinen Rüssel in eine Blüte. „Was machst du da?", fragt **Würmchen**. „Ich esse und trinke den leckeren Nektar der Blüte, solltest du auch einmal versuchen", antwortet ihm der **Schmetterling**. „Nein danke, ich esse lieber Erdklümpchen", erklärt **Würmchen**, „Weißt du, ich komme aus dem Keller, der Wurzelschicht, und war jetzt im Erdgeschoss, der Bodenschicht, und jetzt hat mich die liebe **Schnecke** mitgenommen in den ersten Stock. Kannst du mir etwas über den ersten Stock erzählen?", fragt **Würmchen** den **Schmetterling** Gaby. „Da gibt es nicht viel zu erzählen, im ersten Stock tummeln sich viele Tiere wie die Käfer und meine Kinder, die Raupen. Alle fressen gerne das Gras und die Kräuter oder auch die Brennnessel. Und in der Luft ist viel Verkehr, dort sind die Bienen und Wespen unterwegs, die mögen auch den leckeren Nektar der Waldblumen. Deshalb kann ich nicht mehr weiter mit dir reden, ich muss in den zweiten Stock zu den Sträuchern, da haben gerade Blumen neue Blüten mit leckerem Nektar." Und schon erhebt sich der bunte **Schmetterling**. „Wo ist der zweite Stock?", kann **Würmchen** gerade noch hinterherrufen. „Immer weiter nach oben, du kannst ihn nicht verfehlen", ruft der **Schmetterling** hinunter zu **Würmchen**. **Würmchen** kriecht zuerst noch ein wenig auf den Grashalmen entlang, bis er einen Weg nach oben findet. An einem Haselnussstrauch kriecht er von Ästchen zu Ästchen, bis er knackende Geräusche vernimmt. Mutig schiebt sich **Würmchen** dem Geräusch entgegen und sieht zuerst einen riesigen buschigen Schwanz und dann kleine spitze Ohren. Ein **Eichhörnchen** knackt gerade eine Haselnuss. „Bin ich hier richtig, im zweiten Stock des Waldes?", stellt **Würmchen** die Frage an das **Eichhörnchen**. „Ja, hier bist du richtig, das ist die Strauchschicht, also der zweite Stock des Waldes, hier gibt es viele Sträu-

cher mit leckeren Früchten wie Brombeeren, Hagebutten und manchmal wilde Himbeeren. Auch Vogelbeeren, aber die schmecken mir nicht. Die holen sich die Vögel, die ihre Nester in den Sträuchern oder oben in den Bäumen im Dachgeschoss haben." Noch ein Stockwerk, das Dachgeschoss, ja wie viele Etagen hat der Wald denn noch?, denkt **Würmchen** und stellt diese Frage an das **Eichhörnchen**. „Nur noch eine, das Dachgeschoss, auch Blätterdach des Waldes genannt, nach diesem kommt nur noch der Himmel." „Meinst du, ich kann den Himmel einmal sehen? Denn ich komme aus dem Keller des Waldes und bin über das Erdgeschoss in den ersten Stock und dann in den zweiten Stock gekrochen", erklärt **Würmchen** dem **Eichhörnchen**. „Dann ist es nicht mehr weit, einfach immer weiter nach oben. Am besten an dem Eichenstamm entlang. Vielleicht treffe ich dich oben, denn jetzt muss ich noch ein paar Haselnüsse einsammeln und in mein Versteck oben im Baumstamm bringen", sagt das **Eichhörnchen** und huscht den Baumstamm nach oben. Dann also weiter, denkt sich **Würmchen** und kriecht den langen Stamm nach oben, bis die Blätter immer dichter werden. „Hey du, warte mal, hast du dich verlaufen?!", spricht ihn da eine tiefe Stimme an. Die **Eule** hat ihn entdeckt. „Nein, ich will heute die Stockwerke des Waldes besichtigen, denn ich komme aus dem Keller und dort hat mir die **Mäuse**familie vom Erdgeschoss erzählt. Dort habe ich die **Schnecke** Horst getroffen, die hat mir vom ersten Stock vorgeschwärmt. Da traf ich den **Schmetterling**, der flog gerade in den zweiten Stock. Im zweiten Stock traf ich das **Eichhörnchen** und was meinst du, was das **Eichhörnchen** mir erzählt hat: Es gibt noch ein Dachgeschoss, und auf dem Weg dorthin bin ich gerade." „Du bist schon angekommen im Dachgeschoss des Waldes, auch Blätterdach genannt, da die Bäume hier ihre Blätter schützend über den Wald halten", klärt die **Eule Würmchen** auf. Jetzt kann **Würmchen** jubeln, er hat es geschafft. Er ist angekommen im Dachgeschoss. „Du, **Eule**, darf ich dich noch was fragen? Wo kann ich jetzt den Himmel sehen?" „Du musst nur den Blick nach oben richten, dort siehst du zwischen den Blättern den Himmel mit seinen weißen Wolken", sagt die **Eule** und zeigt mit ihrem Schnabel nach oben. **Würmchen** streckt sein Köpfchen nach oben, immer länger macht er sich, bis er nur noch auf seinem Hinterteil steht, und da sieht **Würmchen** den blauen Himmel, die weißen Wolken und sogar einen Sonnenstrahl, der durch das Blätterdach blitzt. Doch was passiert, **Würmchen** fängt an zu schwanken und zu wackeln, oje, **Würmchen** verliert das Gleichgewicht. Die **Eule** will ihn noch festhalten, doch **Würmchen** kippt vom Ast und fliegt der Erde zu, am zweiten Stock und am ersten vorbei und plumpst im weichen Moos des Erdgeschosses auf. Sofort reckt und streckt sich **Würmchen**, ja, er hat Glück, ihm ist nichts passiert. „Hallo, **Würmchen**, wo kommst du denn her?", begrüßt ihn die **Mäuse**familie. Da erzählt er ihnen von seinem Abenteuer und dass er oben im Dachgeschoss des Waldes den Himmel gesehen hat. **Würmchen** ist richtig stolz auf sich, doch für heute hat er genug Abenteuer erlebt, er steckt seine Nase ins Erdreich und kriecht zurück in den Keller, um sich ein leckeres Erdklümpchen zu gönnen.

26 Der Wald klingt

KREATIVAKTION – HÖRKIM

ALTER ab 3 Jahren

ZIELE Kreativität, Fantasie, Rhythmus

MATERIAL FÜR JEDES KIND Kunststoff-Vorratsdose oder einen verschließbaren Becher mit Deckel, Steine, Kleister, Papier

Materialien nur durch genaues Hinhören zu unterscheiden, ist ganz schön knifflig. Die Kinder machen die Erfahrung, dass gleiche Materialien in unterschiedlichen Behältnissen ganz anders klingen können.

Füllen Sie in einen Becher oder eine Dose jeweils zwei bis drei Steine und verschließen diese so, dass Sie sie wieder öffnen können.
Kommen Sie mit den Kindern zu einem Sitzkreis zusammen und schütteln jeweils die Dose und den Plastikbecher. Die Kinder sollen feststellen, ob man einen Unterschied hört. Stellen Sie mit den Kindern fest, dass in beiden Behältern das Gleiche ist, nämlich Steine, die sich aber verschieden anhören. Die Kinder erhalten jedes einen Plastikbecher und eine Dose und sollen im Wald nach Dingen suchen, die in die Dose und den Becher passen. Geben Sie ihnen ausreichend Zeit und ermuntern Sie sie, nicht unbedingt Steine einzufüllen. Es können Eicheln, Erde, Stöckchen, Zapfen oder anderes sein. Achten Sie darauf, dass die Kinder beim Einfühlen nur ein einziges Material verwenden, damit das Hörergebnis eindeutig ist. Nach dem Hören, Experimentieren und Ausprobieren wird es wieder entfernt und die Kinder füllen das nächste Material ein.
Die Kinder kommen wieder zu einem Kreis zusammen und jeder stellt seine gefundenen Klänge vor. Dabei können Sie immer wieder die Unterschiede der verschiedenen Materialien besprechen.
Zurück in der Kita können die Kinder ihre Behältnisse mit Kleister und Papier verschließen und so Waldrasseln herstellen. Zum Verschließen das Papier in lange Streifen reißen, sodass die Öffnung des Behälters abgedeckt ist. Diese Streifen mit Kleister bestreichen und über die Öffnung kleben. Die Waldrasseln können anschließend auf vielfältige Weise zur Liedbegleitung genutzt werden.

27 Rhythmus im Wald

RHYTHMUSÜBUNG

ALTER ab 4 Jahren

ZIELE Rhythmusgefühl entwickeln, Fantasie, Konzentration

MATERIAL einen liegenden Baumstamm, für jedes Kind zwei Stöcke

Bei dieser Rhythmusübung brauchen Sie und die Kinder keine große Vorbereitung, um das Trommeln zu verstehen. Schon nach wenigen Minuten stellen sich erste Erfolgserlebnisse ein und selbst die jüngsten Kinder sind in der Lage, verschiedene Rhythmen zu klopfen.

Die Kinder erhalten die Aufgabe, sich zwei stabile Stöcke zu suchen, die nicht länger als 50 cm sein sollten.
Die Kinder setzen sich vor den Baumstamm und Sie erklären die Aufgabe, dass heute gemeinsam musiziert werden soll. Dazu dienen die Stöcke, und der Baumstamm ist die „Trommel". Den Kindern zuerst genügend Zeit geben, um die Trommel einfach mal auszuprobieren.
Nehmen auch Sie sich zwei Stöcke zur Hand und geben Sie mit diesen einen einfachen Trommelrhythmus vor, beispielsweise zweimal schlagen. Die Kinder wiederholen den Rhythmus. Der Klopfrhythmus wird verlängert und natürlich dürfen sich auch die Kinder einen Trommelrhythmus überlegen, den die anderen Kinder nachspielen. Es wird auch einmal mit einem Rhythmus begonnen, in den die Kinder einstimmen.
Nun können sich die Kinder eine Geräuschgeschichte ausdenken. Als Beispiel können Sie eine kleine Regengeschichte vorspielen.

Rhythmen

Es tröpfelt leicht.
mit den Stöcken leise auf den Stamm schlagen

Der Regen wird kräftig.
etwas kräftiger schlagen

Es regnet viel.
sehr schnell schlagen

Im Wald ist es heute sehr ruhig. Nur der Wind streicht durch die Blätter. Als der Wind kräftiger wird, fängt es ganz leicht an zu tröpfeln.
mit den Stöcken leise auf den Stamm schlagen

Der Regen wird kräftiger.
etwas kräftiger schlagen

Der Regen wird immer mehr, viele Tropfen fallen herab, bis es richtig schüttet!
schnell trommeln

Jetzt lässt der Regen nach …
langsamer werden

… bis er ganz aufhört. Es ist wieder still im Wald.
Stille

Beenden Sie damit Ihre Rhythmus-Einheit im Wald.

28 Den Wald hören

HÖRÜBUNG

ALTER ab 3 Jahren

ZIELE Konzentration, Stille aushalten, Geräusche imitieren

MATERIAL Zweige, Blätter, Malblätter, Stifte

Den Wald bewusst zu hören, ist für die Kinder eine Herausforderung. Um die Geräusche im Wald hören zu können, müssen sie sich nämlich ganz still verhalten. Anschließend versuchen die Kinder mit eigenen Worten wiederzugeben, was sie wahrgenommen haben. Mit Zweigen, Blättern und weiterem Waldmaterial können sie die Geräusche des Waldes nachmachen.

Die Kinder kommen zu einem Sitzkreis zusammen. Warten Sie, bis die Kinder etwas zur Ruhe gekommen sind und gemütlich sitzen. Nun können Sie die Kinder in die Ruhe begleiten, indem Sie beispielsweise sagen: „Jetzt müssen wir kurz ganz leise sein, damit wir den Wald hören können. Wie das geht? Schließt die Augen, atmet tief ein und aus. Denkt an nichts mehr und hört auf die Geräusche um euch herum."
Für den Anfang sind zwei bis vier Minuten ausreichend. Die Kinder öffnen nach dieser Zeit wieder die Augen und erzählen reihum, welche Geräusche sie wahrgenommen haben. Die Kinder bekommen nun die Aufgabe, Dinge zu suchen, mit denen sie dieses Geräusch nachahmen können. Wieder im Kreis, kann jedes Kind „sein" Geräusch vorführen. Hört es sich genauso an? Im Anschluss können die Kinder alle vernommenen Geräusche auch aufmalen. Alle Bilder können gemeinsam auf einer Wand ausgestellt werden – unter der Überschrift „Der Wald macht Geräusche".

TIPP Falls Sie mit der Malaktion erst wieder in der Kita starten, machen Sie sich am besten noch im Wald Notizen darüber, welche Geräusche die Kinder erwähnt haben. Vor der Malaktion rufen Sie diese Waldgeräusche noch einmal allen ins Gedächtnis zurück.

29 Astklapper

KREATIVAKTION

ALTER ab 3 Jahren

ZIELE ein Instrument herstellen, Feinmotorik

MATERIAL Astgabel, Draht, Zange, Kronkorken, Hammer und Nagel, Knöpfe, eventuell eine Säge

Eine Astklapper oder auch Astgabelrassel benötigt wenig Material und ist einfach herzustellen. Der tolle Nebeneffekt: Sie macht Geräusche, bereichert Klanggeschichten und eignet sich zur Liedbegleitung.

Sammeln Sie mit den Kindern Astgabeln im Wald. Wenn Sie die Astklappern mit Kronkorken gestalten, sollten Sie die Kronkorken mit Löchern versehen. Dazu Nagel und Hammer verwenden. Die Astgabeln wenn nötig mit einer Säge kürzen.

Kommen Sie mit den Kindern zusammen und legen die Materialien auf den Tisch. Suchen Sie mit den Kindern gemeinsam eine Lösung, wie man aus der Astgabel, Knöpfen/Kronkorken und dem Draht eine Rassel herstellen kann.
Dazu einen Draht von ca. 30 bis 40 cm Länge auf einer Seite der Gabel befestigen. Dazu einfach den Ast mit dem Draht zwei- bis dreimal umwickeln. Jetzt auf den Draht fünf bis zehn Knöpfe/Kronkorken auffädeln. Das Ende des Drahtes wieder durch Umwickeln an dem anderen Ast befestigen, dabei den Draht stramm anziehen. Überschüssigen Draht kürzen, und schon kann gerasselt werden.

4

NADELBÄUME & BRENNNESSELN IM WALD

Nicht nur Laubbäume finden im Wald ihren Platz, auch Nadelbäume und Pflanzen wie die Brennnessel sind zu finden. Die Kinder erfahren die Unterschiede zwischen Nadel- und Laubbaum und erkennen, dass die stachelige Brennnessel auch ihre guten Seiten haben kann.

30 Laubbaum oder Nadelbaum?

WISSENSVERMITTLUNG

ALTER ab 3 Jahren

ZIELE Sachwissen über Baumarten, Sprache, Kreativität

MATERIAL Blätter von Laubbäumen, Nadeln von Nadelbäumen, Bilder von Laub- und Nadelbäumen, zwei Plakate, Buntstifte, Kleber

Laubbaum und Nadelbaum sind Überbegriffe für viele verschiedene Baumarten. Nadelbäume besitzen schmale, dünne nadelförmige Blätter und Laubbäume breite, flache und mit Blattadern durchzogene. Die Laubbäume werfen ihre Blätter im Herbst ab. Die Nadelbäume dagegen sind immergrün und tun dies bis auf eine Ausnahme, die Lärche, nicht. Bei diesem Angebot lernen auch die jüngeren Kinder die wesentlichen Unterschiede der Überbegriffe „Laubbaum" und „Nadelbaum" kennen.

Besorgen Sie sich Nadeln und Blätter von verschiedenen Baumarten sowie Bilder von verschiedenen Laub- und Nadelbäumen. Wenn Sie die Möglichkeit haben, nehmen Sie Bäume, die sich in der näheren Umgebung der Einrichtung befinden.
Kommen Sie mit den Kindern zu einem Kreis zusammen. Regen Sie ein Gespräch über Bäume an: Welche kennen die Kinder schon? Legen Sie nun die Blätter und Nadeln in die Mitte. Überlegen Sie gemeinsam, wie der Überbegriff für die Bäume lauten könnte, zu denen die Blätter oder die Nadeln gehören. Es sind Laubbäume und Nadelbäume. Danach arbeiten Sie die Unterscheidungsmerkmale heraus. Im Folgenden sind sie übersichtlich zusammengestellt.

Nadelbäume

Die **Kiefer** ist ein Nadelbaum mit langen graugrünlichen Nadeln. Sie wachsen paarweise an den Zweigen. Die Rinde ist rötlich braun. Die Zapfen der Kiefer sind kegelförmig und fallen, nachdem sie den Samen abgegeben haben, als Ganzes vom Baum.

Die **Fichte** ist ein Nadelbaum und leicht mit der Tanne zu verwechseln, doch ihre Zapfen hängen nach unten und ihre Nadeln sind sehr spitz und können unangenehm stechen.

Die **Tanne** ist ein Nadelbaum und ihre Zapfen stehen aufrecht auf den Zweigen. Die Nadeln sind leicht abgerundet, dunkelgrün auf der Oberseite und silberweiß auf der Unterseite. Die Zapfen der Tanne kann man nicht sammeln, denn sie fallen nicht als Ganzes vom Baum, sondern die einzelnen Schuppen segeln auf den Waldboden herab.

Die **Lärche** ist ein besonderer Nadelbaum, denn er verliert im Herbst seine Nadeln. Diese Nadeln sind weich und wachsen als Büschel an den Zweigen. Die Zapfen sind eiförmig bis kugelig.

Laubbäume

- Ein Laubbaum hat Blätter.
- Es gibt große und kleine Blattflächen mit Blattadern.
- Ein Laubbaum verliert im Herbst seine Blätter. Im Frühjahr wachsen neue Blätter und die Bäume blühen.
- Aus den Blüten entstehen die Samen.
- Ein Laubbaum braucht viel Wasser, das er durch sein Wurzeln aufnimmt und durch seine Blätter wieder abgibt.
- Es gibt sie nicht in höheren Lagen (Gebirge) oder in wärmen Gebieten.

Nadelbäume

- Der Nadelbaum hat im eigentlichen Sinn auch Blätter, diese sind schmal und nadelförmig geformt.
- Der Nadelbaum verliert nicht seine „Blätter", denn diese sind mit einer dünnen Wachsschicht vor der Kälte geschützt.
- Der Baum blüht und aus dieser Blüte erwachsen die Zapfen, die anschließend verholzen. Der Samen liegt dann frei zwischen dem verholzten Kegel und den sich aufspreizenden Schuppen.
- Er braucht nicht so viel Wasser, da durch die dünneren Blätter nicht so viel verdunsten kann.
- Da seine Blätter geschützt sind, gibt es bestimmte Nadelbäume in höheren Lagen und auch in wärmeren Gebieten.
- Die Eibe ist auch ein Nadelbaum, den man leicht an seinen kleinen roten Früchten erkennt. Für Vögel sind diese ungefährlich und tragen zur Verbreitung der Samen bei. Beim Menschen dagegen sorgen sie für Übelkeit, Erbrechen und Durchfall und können selbst in geringen Mengen bereits zum Tod führen.

Zeigen Sie den Kindern passend dazu auch Fotos von häufig vorkommenden Laub- und Nadelbäumen. Fassen Sie alles auf jeweils einem Plakat zusammen. Dazu malen die Kinder Bäume und kleben die Blätter und Nadeln auf. Kleben Sie die Bilder der einzelnen Bäume dazu.

TIPP Die Kinder befühlen die Blätter und Nadeln und erfahren dadurch mehr über die Struktur und die Beschaffenheit.

31 Tanne und Kiefer

WISSENSVERMITTLUNG UND KREATIVAKTION

ALTER ab 3,5 Jahren

ZIELE Sachwissen über Nadelbäume, Sprachwortschatz, Feinmotorik

MATERIAL Bild, Zweig und Zapfen einer Tanne; Bild, Zweig und Zapfen einer Kiefer; Malblätter, grüne Fingerfarbe, braune Fingerfarbe, Pinsel, Karton, Schälchen

Die Kinder lernen die Namen der Bäume kennen und beschäftigen sich mit unterschiedlichen Nadelbäumen. Welche Unterschiede gibt es zu entdecken?

Beginnen Sie damit, dass Sie die Kinder fragen, was ein Nadelbaum ist und ob sie einen benennen können. Die Tanne wird sofort genannt werden. Zeigen Sie den Kindern die Bilder der beiden Nadelbäume und die Kinder bestimmen, welcher die Tanne ist. Benennen Sie die Kiefer, wenn die Kinder diesen Nadelbaum nicht von sich aus erkennen. Fragen Sie nach, wer diese Bäume schon in der Natur gesehen hat. Legen Sie die Zweige und Zapfen dazu. Beginnen Sie, die Unterscheidungsmerkmale der beiden Bäume durch gezielte Fragen herauszuarbeiten, und ergänzen die Antworten der Kinder.

Unterscheidung in der Größe

Beide Nadelbäume können 50 bis 60 m hoch werden. Nur beim Durchmesser unterscheiden sie sich, eine Tanne kann einen dickeren Stamm haben als eine Kiefer.

Unterscheidung der Rinde

Die Rinde von Tannen ist silbrig grau. Kiefern haben eine rötliche Rinde.

Unterscheidung der Nadeln

Tannennadeln werden bis zu 3 cm lang und wachsen direkt am Zweig an. Typisch für die dunkelgrünen Nadeln sind die beiden weißen, silbrig glänzenden Längsstreifen an der Nadelunterseite. Die Nadeln der Kiefer sind 5 bis 7 cm lang und grün mit einem Stich ins Bläuliche.

Unterscheidung der Zapfen

Die Zapfen der Tanne werden 8 bis 15 cm lang und stehen aufrecht am Ast. Ein Tannenzapfen fällt niemals ganz vom Baum, sondern wirft nur seine einzelnen Schuppen ab. Das Gerippe bleibt am Baum. Die länglichen Zapfen, die wir im Wald finden, sind Fichtenzapfen. Die Kiefernzapfen hängen mit der Spitze abwärts und sind mit 5 bis 7 cm Länge wesentlich kleiner und dicker.

Teilen Sie an die Kinder die Malblätter aus und füllen in eine flache Schale oder auf einen Teller nur ganz dünn die Farbe. Jedes Kind hat die Aufgabe, einen Tannen- und einen Kiefernzweig zu drucken mit den vorbereiteten Kartonstücken von 2 cm und von 5 cm Länge. Zuerst mit brauner Farbe einen Strich malen und mit der schmalen Kante des Kartons entlang des Striches auf beiden Seiten mit grüner Farbe die Nadeln drucken. Anschließend mit brauner Farbe den Zapfen gestalten.

TIPP Mischen Sie in das Grün der Kiefer etwas blau, so unterscheiden sich die beiden Zweige.

VARIATION Bei älteren Kindern kann der dritte Nadelbaum, die Fichte, noch in die Beschäftigung mit einfließen. Er wird gerne mit der Tanne verwechselt. Dabei unterscheiden sie sich bei den Nadeln, die sehr stark piken, und dem Wachstum der Früchte, die bei der Fichte gegenüber der Tanne nach unten wachsen.

32 Die Kiefer schützt ihre Samen

VERSUCH

ALTER ab 4 Jahren

ZIELE Sachwissen über Kiefernzapfen, Wortschatzerweiterung durch Fachbegriffe

MATERIAL ein trockener Kiefernzapfen, DIN-A4-Blatt, Papier, Laminiergerät und -folie, wasserfester Stift, Schaschlikspieß

Kiefernzapfen können das Wetter erkennen. Diese Beobachtung fasziniert Kinder auf eine besondere Weise: Wenn es feucht ist, quellen die Schuppen der Zapfen auf und verschließen sich dadurch. Ist es trocken, verlieren sie Feuchtigkeit und die Schuppen öffnen sich. Auf diese Weise können die Kinder an Zapfen ablesen, wie hoch die Luftfeuchtigkeit ist.

Eine gemeinsame Sammelaktion von Kiefernzapfen kann dieser Beschäftigung vorausgehen. Laminieren Sie das DIN-A4-Blatt im Vorfeld, damit es sich bei Feuchtigkeit nicht wellt.

Kommen Sie mit den Kindern in einem Sitzkreis zusammen und zeigen Sie die Kiefernzapfen. Die Kinder können sie in Ruhe betrachten, berühren und auch beschnuppern. Warum hat die Kiefer wohl Zapfen? Genau, die Zapfen tragen die Samen, aus denen später neue Bäume wachsen können. Diese Samen möchte der Fichtenbaum schützen. Wie er das macht? Die Schuppen des Kiefernzapfens halten die Samen fest, bis es schön trocken und luftig ist. Denn dann können die Samen mit dem Wind davonfliegen und sich auf einem Stück Waldboden niederlassen, wo sie dann wurzeln und keimen können. Ist es draußen feucht, schließt sich der Zapfen, sodass die Samen nicht herauskommen.
Deshalb kann ein Zapfen zur Wetterbestimmung genutzt werden. So ein „Messgerät“ nennt man Hygrometer.
Nehmen Sie den Kiefernzapfen und stecken Sie etwa in der Mitte den Schaschlikspieß zwischen die Schuppen. Dieser dient als Zeiger. Knicken Sie den Karton in der Mitte und fixieren Sie ihn im 90-Grad-Winkel, durch einen Papierstreifen an der Seite. Stellen Sie den Zapfen auf den laminierten Karton. Da der Zapfen trocken ist, sind die Schuppen geöffnet. Deshalb sollten Sie dort, wo der Zeiger ist, eine Sonne malen. Über dem Zapfen zeichnen Sie Regentropfen ein. Nun das Hygrometer nach draußen stellen und über einige Tage beobachten, wann sich der Zeiger bewegt.

TIPP Achten Sie darauf, dass der Kiefernzapfen gerade ist und dadurch gut stehen kann. Kleben Sie ihn auf dem Karton fest, damit er bei Wind nicht seine Position verändern kann.

33 Die Brennnessel

BEOBACHTUNG

Alter: ab 4 Jahren

Ziele: Wissen über die Brennnessel, Beobachtung

Material: Handschuhe, Lupen

Auf einem Waldspaziergang kann man eine Brennnessel am Wegesrand oder unter Bäumen entdecken. Die meisten Kinder wissen, dass es ziemlich unangenehm ist, mit einer Brennnessel in Berührung zu kommen.

Gehen Sie mit den Kindern auf einem Waldspaziergang gezielt zu einer Brennnessel. Bevor Sie Erklärungen abgeben, sollen die Kinder ihr Wissen preisgeben. Die meisten werden auch schon wissen, dass es brennt, wenn man die Brennnessel berührt. Die Kinder können die Brennnessel beschreiben und dabei auch auf Blüten, Früchte, Blätter und Stängel eingehen. Warum hat die Brennnessel Brennhärchen? Was glauben die Kinder? Die Brennhärchen dienen als Schutz vor Fressfeinden. Es handelt sich dabei um kleine Röhrchen, die nach oben hin eine Spitze bilden und unten eine Art Becher formen, der mit Ameisensäure gefüllt ist. Berührt man eine Brennnessel, bricht das Köpfchen der Brennhaare ab, die Spitze dringt in die Haut ein und die Säure wird freigesetzt. Die Folge: Es brennt. Mit einer Lupe können die Kinder vielleicht sogar die einzelnen Härchen erkennen. Mit Handschuhen bewaffnet, können sie einige wenige Blättchen abnehmen und auf einem Tuch in Ruhe betrachten.

Für Mutige gibt's den Hinweis: Brennnesseln brennen nicht, wenn man von unten nach oben an ihnen entlangstreicht. In dieser Richtung berührt, brechen die Spitzen der Brennhaare nämlich nicht ab. Hat doch ein Kind in die Brennnesseln gegriffen, hilft ein Hausmittel, der Breitwegerich. Der wächst fast überall und hilft gegen das Brennen: einfach ein Blatt anreißen oder quetschen und dann über die Quaddeln reiben. Bis 30 zählen … und schon bald lässt der Schmerz nach. Auch ein Aloe-Vera-Gel vertreibt rasch das Brennen und kann in Ihrem Waldrucksack seinen Platz finden.

TIPP Pflücken Sie einige Blätter und lassen Sie diese über einige Tage hinweg trocknen. Für eine Tasse Tee fünf Blätter mit heißem Wasser übergießen und zehn Minuten ziehen lassen. Den Tee durch ein Sieb schütten und mit etwas Honig süßen.

Große und Kleine Brennnessel

Die Brennnessel findet man überwiegend an sonnigen bis halbschattigen Standorten am Waldrand. Die Große Brennnessel ist eine Staude, die zwischen 50 und 150 cm hoch werden kann. Die Kleine erreicht nur etwa 50 cm. Ihre Wurzeln sind gelblich, die Stängel kantig und die Blätter gegenüberliegend angeordnet. Im Sommer zeigen sich unscheinbare Blüten, aus denen sich in der Folge die Früchte entwickeln. Die eiförmig zugespitzten Blätter mit dem markanten tief gesägten Blattrand sind mit Brennhaaren besetzt, die jede Berührung zu einem unangenehmen Erlebnis machen. Die Kleine Brennnessel brennt viel stärker als ihre größere Verwandte. Beide Arten bieten vielen Insekten Nahrung und Unterschlupf. Schmetterlinge wie das Tagpfauenauge legen bevorzugt unter Brennnesselblättern ihre Eier ab. Darum können Sie hier auch nachschauen, wenn Sie Schmetterlingsraupen oder -eier finden möchten. Marienkäfer und Ohrwürmer lassen sich gern die Brennnesselblüten schmecken.

34 Die unnütze Brennnessel

GESCHICHTE

ALTER ab 4 Jahre

ZIELE Zuhören fördern, Aufmerksamkeit

MATERIAL Sitzkissen, Bild einer Brennnessel

Einige Schmetterlinge würden ohne Brennnesseln nicht existieren, da ihre Raupen die Blätter fressen und dort sicher vor Fressfeinden sind. Zu den Brennnesselschmetterlingen gehören der Admiral, der Kleine Fuchs und das Tagpfauenauge. In dieser Geschichte können die Kinder diesen tierischen Helden begegnen.

Kommen Sie mit den Kindern zu einem Sitzkreis zusammen und legen das Bild einer Brennnessel dazu. Erzählen Sie den Kindern, dass Sie ihnen eine Geschichte von einer Brennnessel mitgebracht haben, die sich unnütz fühlt. Klären Sie noch den Begriff „unnütz“ und lesen Sie anschließend die Geschichte vor.

Geschichte

In einem Wald wuchs eine kleine Brennnessel neben mächtigen Bäumen. Wenn die Menschen durch den Wald spazierten, bewunderten diese die Bäume, sie blieben auch manchmal stehen, um die Bäume zu bewundern, und staunten dann über die satten grünen Blätter und die mächtigen Stämme.

„Hach, wenn ich so groß und schön und staatlich wäre wie ihr, würden mich die Menschen auch beachten!", sagte die Brennnessel sehnsüchtig zu den Bäumen. Die Bäume lachten nur und antworteten: „Ganz bestimmt nicht, dich können sie ja noch nicht einmal anfassen. Denn du hast viele kleine Härchen und die brennen den Menschen auf der Haut, deshalb heißt du auch Brennnessel. Sogar die kleinen Kinder wissen schon, dass sie dich nicht anfassen können."
Da wurde die Brennnessel sehr traurig. „Warum wachse ich überhaupt, wenn mich niemand mag!", dachte sie. Da kam ein wunderschöner Schmetterling angeflogen. Ein Pfauenauge. Dieser Schmetterling ist rotbraun und hat auf der Oberseite jedes Flügels einen großen bunt schillernden Fleck, der an ein Pfauenauge erinnert.
„Warum bist du denn so traurig?", fragte der Schmetterling.
„Ach, niemand beachtet mich, alle gehen nur an mir vorbei und die, die mich aus Versehen anfassen, die schimpfen sogar!"
„Ja, das weiß ich, du brennst und daran sind deine Brennhaare schuld, aber ich würde gerne meine Eier an die Unterseite deiner Brennnesselblätter kleben. Wenn die Raupen schlüpfen, können sie wachsen, weil sie vor hungrigen Feinden geschützt sind, denn diese trauen sich erst gar nicht an dich heran."
Das freute die Brennnessel und sie erlaubte dem Pfauenauge, seine Eier unter ihre Blätter zu kleben. Als der Schmetterling fertig war, bedankte er sich herzlich bei der Brennnessel.
Ein paar Tage später bemerkte die Brennnessel, wie sie etwas unter den Blättern kitzelte. Und tatsächlich: Die Raupen schlüpften aus den Eiern und krabbelten lustig über ihre Blätter. Gerne beobachtete die Brennnessel das Treiben der kleinen Raupen und genoss das Kribbeln und Krabbeln der kleinen Füße. Doch irgendwann war es vorbei, die Raupen verwandelten sich in Puppen und daraus schlüpften wunderschöne Schmetterlinge. Es waren sehr viele, die sich nun auf den Weg in die große Welt machten.
„Bis bald und vergesst mich nicht!", rief ihnen die Brennnessel hinterher.
Da antworteten die Schmetterlinge: „Nein, wir danken dir, dass du so gut auf uns aufgepasst hast, sodass wir wachsen konnten. Vielen, vielen Dank und tschüss, Brennnessel!"
Da war die Brennnessel sehr, sehr glücklich, denn sie war doch keine so unnütze Pflanze, wie sie gedacht hatte.

35 Brennnessel und Schmetterlinge

GEMEINSCHAFTSARBEIT

ALTER ab 4 Jahren

ZIELE Feinmotorik, Wissen, Fantasie, Kreativität

MATERIAL Bilder der Brennnessel, der Schmetterlinge Tagpfauenauge, Admiral, Kleiner Fuchs, großes Blatt/Plakat, Tonkarton in dunkelgrün, bunter Tonkarton für die Schmetterlinge, Reste aus Tonpapier zum Ausgestalten der Schmetterlinge, Schere, Kleber

Bei dieser Gemeinschaftsarbeit gestalten die Kinder eine große Brennnessel und verschiedene Schmetterlinge. So illustrieren die Kinder die vorangegangene Geschichte von der unnützen kleinen Brennnessel auf ihre ganz eigene Weise.

Die Kinder versammeln sich um einen Tisch, auf dem schon die Bilder der Brennnessel und der Schmetterlinge für sie bereitliegen. Die Kinder betrachten die Bilder genau und beschreiben die Unterschiede der einzelnen Schmetterlinge. Geben Sie anschließend einen kurzen Rückblick auf die Geschichte und schlagen Sie eine gemeinsame Malaktion vor: Die Kinder können die Vorlage vom Brennnesselblatt auf den grünen Tonkarton übertragen und diese Blätter ausschneiden. In Gemeinschaftsarbeit kann nun eine Brennnesselstaude auf dem großen Plakat entstehen. Die Stiele können die Kinder mit einem grünen Stift dazuzeichnen. Anschließend entscheidet sich jedes Kind für einen Schmetterling, den es nun herstellt. Jedes Kind kann einen Schmetterling selbstständig aufmalen, ausschneiden und die Flügel gestalten. Zum Schluss kleben die Kinder ihren Schmetterling an oder um die Brennnesselstaude.

5

DIE WALD-
WICHTEL

Bei Walderlebnistagen muss es nicht nur um Bäume und Pflanzen gehen und damit um Waldbewohner, die jeder sehen kann. Auch die geheimnisvolleren Bewohner des Waldes, die den Kindern eher in ihrer Fantasie begegnen, können ein Plätzchen in Ihrem Waldprojekt erhalten.

36 Die Waldwichtel

GESCHICHTE ZUR EINFÜHRUNG

ALTER ab 3 Jahren

ZIELE Fantasie, Kreativität

MATERIAL Sitzkissen

Die Waldwichtel sind lustige kleine Wesen. In der kurzen Einführung lernen die Kinder die Waldwichtel kennen, wobei die Fantasie angeregt wird. Anschließend werden weitere Projektschritte zum Thema „Waldwichtel“ durchgeführt.

Kommen Sie mit den Kindern im Wald zu einem Sitzkreis zusammen und erzählen von den Waldwichteln:

In unserem schönen Wald leben die Waldwichtel. Das sind winzig kleine Zwerge, die sich im Wald wohlfühlen und dort auch in ihren vielen verschiedenen Verstecken wohnen. Die Wichtel haben es gut, sie führen ein schönes Wichtelleben hier in unserem Wald. Den ganzen Tag sind sie im grünen Wald, hüpfen und springen über Stock und Stein, tanzen und singen zu selbst gedichteten Liedern. Immer haben sie gute Laune, denn im Wald, da ist es wunderbar. Sie stören niemanden, wenn sie laut rufen, sie ärgern niemanden, wenn sie kreuz und quer rennen. Woher ich das weiß? Sie haben es mir erzählt. Denn wir, die Menschen, können sie nicht sehen, doch sie sind immer da. Sie rascheln im Laub, das können wir hören, und sie legen Spuren, die wir finden können. Und ab und zu laden die Wichtel Kinder zu sich in den Wald ein, denn sie mögen Kinder sehr. Sie möchten, dass ihr auch so viel Spaß und Freude im Wald erlebt wie sie an jedem einzelnen Tag. Deshalb sind wir, wenn wir im Wald sind, die Waldwichtel, denen es genauso viel Spaß macht wie den richtigen Waldwichteln.

37 Ein Tag bei den Waldwichteln

BEWEGUNGSGESCHICHTE

ALTER ab 3 Jahren

ZIELE Fantasie, Kreativität, Grobmotorik

MATERIAL Sitzkissen

Die Bewegungsgeschichte sollte im Wald durchgeführt werden. Dabei vorher das Gelände aussuchen. Die nachfolgende Geschichte ist so allgemein erzählt, dass sie in jedem Wald stattfinden kann und sicher auch auf ihren Wald passt.

Die Kinder suchen sich zuerst einen Platz und setzen sich mit geschlossenen Augen auf den Boden. Dann beginnen Sie zu erzählen:

Heute werden wir alle zu Waldwichteln und erleben, was die Waldwichtel den ganzen Tag über machen. Früh am Morgen schlafen wir, die Wichtel, tief und fest in unserem kuscheligen Laubhaufen. Dabei schnarchen wir wie eine Säge.
die Kinder geben Schnarchgeräusche von sich

Wenn die Sonne aufgegangen ist, springen wir auf und schütteln die Blätter und Nadeln der Bäume von uns ab. Wir schütteln uns und strecken uns, so vertreiben wir alle Müdigkeit.
die Kinder stehen auf, schütteln und strecken sich

Schon knurrt uns der Magen und wir machen uns auf die Suche nach leckeren Eicheln. Wir marschieren von Baum zu Baum und immer wieder bücken wir uns, um die Eicheln zu sammeln und gleich zu essen.
die Kinder laufen zwischen den Bäumen hin und her, dabei sich immer wieder bücken

Jetzt sind wir satt, nun können wir hüpfen und springen.
die Kinder hüpfen und springen durch den Wald

Es ist so schön hier im Wald, wir lieben die Bäume, und dafür umarmen wir sie jetzt.
jedes Kind sucht sich einen Baum und umarmt ihn

Oh, wer ruft den da, das ist der Oberwichtel, der sagt, wir sollen vorsichtig durch den Wald gehen, denn die Ameisen sind unterwegs, also auf die Zehenspitzen.
die Kinder gehen auf Zehenspitzen durch den Wald

Wir müssen noch vorsichtiger sein und alle hintereinandergehen wie eine Raupe.
die Kinder fassen sich an den Schultern und der Vordermann führt durch den Wald, wenn möglich wechseln sich die Kinder ab, sodass jeder einmal die Gruppe führt

Der Oberwichtel gibt Entwarnung, die Ameisen sind wieder zu Hause in ihrem Ameisenbau, also können wir uns loslassen und mal hochspringen und feste auf den Boden stampfen.
die Kinder springen mit geschlossenen Beinen und stampfen kräftig mit den Füßen

Seit mal leise, ich höre was, schnell, versteckt euch hinter einem Baum.
die Kinder rennen hinter einen Baum

Oh, ein Eichhörnchen, es klettert den Baum nach oben, wer von euch Wichteln weiß, wie das Eichhörnchen auf einen Baum klettert? Wer kann es mir zeigen?
Ein Kind führt die Kletterbewegungen vor und alle machen sie nach. Fragen Sie nach weiteren Tieren, etwa: Wie klopft ein Specht, wie hoppelt ein Hase durch den Wald, wie sitzt eine Eule auf ihrem Ast und wie stolziert ein Hirsch durch den Wald? Es werden immer die Bewegungsvorschläge der Kinder aufgenommen und durchgeführt

So, jetzt bin ich ganz schön müde, kommt, wir suchen uns einen schönen Platz zum Ausruhen.
Laufen Sie mit den Kindern noch ein Stück durch den Wald, bevor Sie sich mit ihnen hinsetzen. Damit beenden sie die Bewegungsgeschichte

TIPP Bauen Sie in die Geschichte noch weitere Übungen mit ein, die sich aus dem Gelände ergeben. So können die Kinder über einem Baum balancieren, über am Boden liegende Bäume springen oder unter Hindernissen hindurchkriechen.

38 Der Zauberstein

SCHATZSUCHE

ALTER ab 3 Jahren

ZIELE Fantasie, Kreativität

MATERIAL Malblatt, schöner Stein

Eine Schatzsuche kann auf die verschiedenste Art und Weise durchgeführt werden. Sie bietet Möglichkeiten für vielfältige Bewegungserfahrungen wie hüpfen, rennen und balancieren. An solche Übungen gehen die Kinder gerne und auch motiviert heran.

Bevor Sie diese Schatzsuche starten, sollten Sie im Vorfeld eine genaue Strecke aussuchen und sie mehrmals abgehen, um sich Aufgaben zu überlegen und Haltepunkte zu markieren. Notieren Sie sich die Wegstrecke und die Aufgaben. Und verstecken Sie einen Stein, den die Kinder am Ende finden können.

Am Ausgangspunkt kommen Sie mit den Kindern in einem Kreis zusammen. Nehmen Sie das beschriebene Blatt in die Hand und zeigen es den Kindern.

Ich habe einen Brief bekommen vom Oberwichtel „Hockitay“. Er bittet uns um unsere Hilfe. Der kleine Kobold „Versteckfix“ hat den Zauberstein der Wichtel gestohlen und ihn bei uns im Wald versteckt. Die Wichtel können ihn in unserem Land nicht suchen, deshalb sollen wir dies tun.

Er hat uns den Weg zum Zauberstein in seinem Brief beschrieben. Wollen wir gemeinsam den Stein suchen?
lassen Sie die Kinder antworten

Hockitay sagt, dass wir auf dem Weg aufpassen müssen, da der Kobold auch kleine Aufgaben versteckt hat, die wir bewältigen müssen.
gehen Sie mit den Kindern gemeinsam los und lesen dabei den Brief vor

Mögliche Aufgaben, um den Weg zu finden

- Gehe zehn Schritte nach links/zehn Schritte geradeaus/zehn Schritte nach rechts.
- Gehe zum dicksten Baum und von dort aus fünf Schritte geradeaus.
- Finde den Busch mit den roten Beeren/gelben Blüten und drehe dich nach links/rechts und gehe weiter.
- Suche einen umgestürzten Baum und mache acht Riesenschritte.
- Weiter bis zum Baum mit den Zapfen.
- Suche eine Eiche/Birke/Fichte.
- Jetzt immer geradeaus bis zum nächsten großen Erdhügel.
- Jetzt nach links bis zum Hochsitz des Jägers, dort findest du einen Hinweis.
- Im Holzstapel ist der nächste Hinweis versteckt.

Mögliche Aufgaben an den Haltepunkten

- Hüpfe fünf Mal auf einem Bein oder bleibe zehn Sekunden auf einem Bein stehen, dabei laut mitzählen.
- Suche einen Zapfen/Stein und lege in hier ab, erst dann könnt ihr weitergehen.
- Zähle bis zehn.
- Nennt mir fünf Waldtiere.
- Nennt mir fünf verschiedene Bäume.
- Singt ein Lied.
- Drehe dich drei Mal im Kreis.

Verstecken Sie den Zauberstein innerhalb eines bestimmten Radius, damit die Kinder ihn nicht direkt finden, sondern noch etwas suchen können. Zum Schluss können Sie noch aus Hockitays Brief vorlesen: „Der Zauberstein wurde von euch gefunden. Das habt ihr toll gemacht. Zur Belohnung dürft ihr ihn behalten und mit in den Kindergarten nehmen."

TIPP Legen Sie die Schwierigkeitsstufen anhand des Alters der Kinder fest. Bei einer altersgemischten Gruppe dürfen einige schwierige Aufgaben für die Großen nicht fehlen, damit es ihnen nicht zu langweilig wird. Die Suche sollte auch nicht zu lange dauern und zu viele Aufgaben enthalten, weil die Kinder sonst eventuell die Lust am Suchen verlieren.

39 Zu Besuch beim Waldwichtel

KREATIVAKTION

Alter: ab 3 Jahren

Ziele: Fantasie, Kreativität, Feinmotorik

Material: Kiefernzapfen, Tonkarton in verschiedenen Farben, Filzstift, Wackelaugen, Watte, Schere, Kleber

Jeder Wichtel braucht ein Heim. Selbst hergestellte Zapfenwichtel bekommen bei dieser kleinen Idee ein eigenes Häuschen. Das Beste: Das Häuschen kann im Gruppenraum, aber auch im Wald stehen.

Gestalten Sie mit den Kindern aus einem Kiefernzapfen einen Waldwichtel. Die Kinder entscheiden, welche Farbe die Mütze ihres Wichtels hat. Auf den Tonkarton in der ausgesuchten Farbe einen Halbkreis mit einem Durchmesser von 10 bis 12 cm aufmalen. Den Halbkreis ausschneiden und zu einer „Mütze" zusammenkleben. Diese auf die Spitze des Zapfens setzen und ankleben. Aus hautfarbenem Tonkarton einen Kreis als Gesicht ausschneiden, mit Augen (hier können Sie auch Wackelaugen verwenden), Mund und Nase versehen. Das Gesicht auf den Zapfen kleben. Mit Watte einen weißen Bart anbringen, auf die Spitzen von zwei Eicheln

etwas Flüssigkleber geben und als Arme zwischen die Schuppen des Zapfens stecken. Damit der Wichtel gut stehen kann, kleben Sie ihn am besten mit Heißkleber auf ein Stück Karton. Den Karton können Sie vorher in Fußform zuschneiden.

Die Kinder nehmen ihren Wichtel mit in den Wald. Da bauen Sie für den Wichtel ein Zuhause. Dazu können die Kinder allerlei Material aus dem Wald verwenden und das „Häuschen" auch nach ihren Vorstellungen und der eigenen Fantasie einrichten.

TIPP Sie können den Hausbau auch im Gruppenraum durchführen. Dazu einiges an Naturmaterialien wie Rinde, Moos, Zapfen, Stöcke und Steine bereitstellen.

40 Holterdipolter

GESCHICHTE

ALTER ab 4 Jahren
ZIELE Zuhören, Konzentration, Fantasie
MATERIAL Sitzkissen

Ein einsamer Riese stiehlt in dieser spannenden Geschichte den Zauberstab des Oberwichtels. Die Wichtel sind erst einmal ratlos. Wie gut, dass sie sich ein Herz fassen können und den Riesen ansprechen, denn hierbei stellt sich etwas Erstaunliches heraus.

Kommen Sie mit den Kindern zu einem Sitzkreis zusammen und lesen die Geschichte vor.

Geschichte

Es war einmal ein kleiner Waldwichtel, der hieß Hampel und wohnte auf einer alten Eiche im Zauberwald. Er war der einzige Wichtel auf dem Baum, denn die anderen Wichtel blieben lieber unten auf dem Boden. Eines Morgens erwachte er durch ein lautes Poltern an seinem Baumstamm. Vor Schreck wäre er beinahe von seinem Ast gefallen. Hampel schaute nach unten und sah, dass Himpel vor dem Baum stand. „Was machst du denn hier?“, fragte Hampel neugierig.
„Du weißt es also noch nicht?“ Himpel war sehr aufgeregt, seine Stimme überschlug sich. „Es ist etwas Furchtbares passiert. Der Riese hat den Zauberstab des Oberwichtels gestohlen. Nur du hast nichts mitbekommen da oben auf deinem Baum.“
„Das ist ja schrecklich!“ Hampel rutschte eilig von seinem Ast herunter. Er packte Himpel beim Ärmel und zog ihn hinter sich her.
„Was soll das? Wo willst du denn hin?“, fragte Himpel. Hampel schaute ihn verständnislos an.
„Na, den Zauberstab suchen natürlich, wohin denn sonst? Ich weiß auch schon, wo.“
Sie durchwanderten den Wald bis zum Fluss, dem sie bis zum Fuß des Riesenberges folgten. Dort angekommen, wurde ihnen ganz unheimlich zumute, denn sie hatten den Berg des Riesen Holterdipolter erreicht. Vorsichtig kletterten sie auf den Berg. Oben angekommen, sahen sie den Riesen sofort. Er saß auf einem mächtigen Stein. Ganz leise blieben Himpel und Hampel stehen und da hörten sie ein leises Weinen. Erstaunt sahen sich die beiden Wichtel an. Hampel nahm seinen ganzen Mut zusammen und rief laut: „Hey, warum weinst du?“
Der Riese blickte erstaunt auf: „Ihr wisst, wer ich bin, ich bin der Riese Holterdipolter und ihr müsst jetzt ganz schnell weglaufen.“
„Das können wir nicht, denn du hast den Zauberstab von unserem Oberwichtel und den möchten wir bitte wiederhaben.“ Ganz mutig baute sich Hampel vor dem Riesen auf. Dieser war jetzt ganz verwirrt, normalerweise hatten alle Angst vor ihm und liefen davon. Auch Himpel schluckte. Er nahm Hampels Hand und wollte ihn vom Riesen wegziehen. Da rieb sich der Riese die Tränen aus den Augen und fing an zu lachen: „Endlich ist einmal ein Wichtel so mutig, mit mir zu sprechen! Wisst ihr, ihr lauft immer nur vor mir davon und dann bin ich hier immer so alleine. Deshalb habe ich auch den Zauberstab genommen.“

Hampel verstand sofort, der Riese Holterdipolter war einsam.
„Wisst ihr, ich habe überhaupt keine Freunde und da dachte ich, es wird schon jemand kommen, wenn ich den Zauberstab stehle. Ich brauche ihn ja gar nicht, denn ich habe ja selbst Zauberkäfte."
„Holterdipolter", sagte Hampel, „das war nicht nett von dir, doch ich glaube, du bist ja gar kein großer böser Riese."
„Nein, bin ich nicht, ich bin nur so alleine und das ist langweilig. Und tagsüber kann ich fast nie meinen Berg verlassen, weil ihr alle Angst vor mir habt. Nur nachts bin ich unterwegs und als ich heute Nacht durch den Wald streifte, da lag der Zauberstab auf dem Boden. Ich nahm ihn an mich und trug ihn auf den Berg."
„Ich versteh dich zwar", antwortete Hampel, „aber es ist trotzdem nicht in Ordnung, einfach etwas wegzunehmen, und deshalb kommst du jetzt mit, denn wenn man etwas angestellt hat, muss man es auch wieder in Ordnung bringen."
Dem Riesen war das gar nicht recht. Da fasste ihn Hampel an der Hand und auch Himpel hatte jetzt Mut und nahm die andere Hand des Riesen. Sie führten ihn hinunter in den Wald.
Im Wald standen alle Wichtel zusammen und als sie den Riesen sahen, liefen alle davon. Doch Hampel rief: „Keine Angst, der Riese will euch etwas sagen."
Hampel stupste Holterdipolter leicht an.
„Ähem, ja, also, ihr lieben Wichtel", begann der Riese, „ich habe den Zauberstab genommen. Ich wollte doch nichts Böses, nur dass ich nicht mehr so alleine bin. Hier ist er, es tut mir sehr leid!" Der Riese streckte dem Oberwichtel den Zauberstab entgegen. Dann drehte sich Holterdipolter mit gesenktem Kopf und hängenden Schultern um und wollte zurück zu seinem Berg gehen. Hampel rief schnell hinter ihm her: „Holderdipolter, es war sehr mutig, den Stab mit zu uns zurückzubringen und deinen Fehler einzugestehen. Es würde mir eine große Freude bereiten, wenn du zum Essen bleibst."
Dem Riesen traten vor Freude Tränen in die Augen, denn noch nie hatte ihn jemand eingeladen. So saßen alle Wichtel und der Riese bis spät in der Nacht zusammen und erzählten sich die Geschichten des Waldes. Als es Zeit war, nach Hause zu gehen, sagte Hampel zu dem Riesen: „Du bist jederzeit herzlich willkommen bei uns im Wichtelwald, falls du uns mal wieder besuchen möchtest." Die anderen Wichtel jubelten, denn sie fanden es ganz schön toll, einen Riesen zum Freund zu haben. Glücklich stiefelte der Riese heimwärts und besuchte von nun an immer, wenn ihm langweilig war, die Waldwichtel.

41 Der Zauberbaum

KREATIVAKTION

ALTER ab 3 Jahren

ZIELE Fantasie, Kreativität, Feinmotorik

MATERIAL Malblätter, Schere, Kleber, Tonkarton, Naturmaterialien, Fingerfarbe, Eimer mit Sand, Watte, Wolle

Wie aus dem Feenreich sehen die Zauberbäume aus, die gemeinsam erfunden und gestaltet werden. Das Grundmaterial dafür finden die Kinder natürlich im Wald.

Gehen Sie mit den Kindern in den Wald und erzählen ihnen vom Zauberbaum, beispielsweise:

Die Wichtel besitzen einen Zauberbaum, das ist der schönste und bunteste Baum, den es gibt. Seit sie diesen Baum haben, sind sie fröhlich und erfreuen sich jeden Tag an ihm. Auch ich möchte einen Zauberbaum für unser Gruppenzimmer, deshalb suchen wir jetzt den schönsten und prächtigsten Ast, den wir finden können.

Die Kinder suchen Äste und gemeinsam entscheiden sie, welchen sie mit in die Einrichtung nehmen. Stellen Sie ihn in einen Eimer mit Sand und die Kinder bemalen ihn bunt. Dabei können Teile des „Baumes" mit Wolle umwickelt oder Wolle kann über die verschiedenen Teilstücke der Äste gespannt werden. Eicheln und Zapfen werden bunt bemalt und an die Äste geklebt. Die Kinder können auch Steine anmalen und auf den Sand legen. Lassen Sie möglichst alle Gestaltungsideen der Kinder zu. So wird schon bald ein bunter Zauberbaum Ihren Gruppenraum schmücken.

6

AUS DEM WALD ODER VON DEN BÄUMEN

Viele Dinge unseres täglichen Gebrauchs stammen aus dem Wald oder von Bäumen. Die Kinder lernen Nahrungsmittel kennen, die aus dem Wald kommen. Sie erfahren, dass aus einem Baum nicht nur Möbelstücke, sondern auch Papier hergestellt wird.

42 Nahrungsmittel aus dem Wald

GESCHMACKSTEST ODER WISSENSVERMITTLUNG

ALTER ab 4 Jahren

ZIELE Produkte aus dem Wald kennenlernen, Geschmackssinn schulen

MATERIAL Heidelbeermarmelade, Waldhonig, Holunderblütensirup, kleine Löffel, Zahnstocher, Brot, Butter, Wasser, Messer und Teller

Im Wald gibt es nicht nur Abenteuer zu erleben, sondern der Wald kann uns tatsächlich auch mit Lebensmitteln versorgen. Was könnte das wohl sein?

Überlegen Sie im Sitzkreis mit den Kindern, ob es wohl etwas gibt, das man aus dem Wald essen kann. Die Kinder geben ihre Ideen preis. Anschließend sollen alle die Augen schließen und Sie öffnen das Glas Heidelbeermarmelade. Gehen Sie von Kind zu Kind und jedes darf daran riechen. Die Kinder äußern sich, wie und was sie gerochen haben. Lösen Sie auf, dass es die Heidelbeermarmelade ist. Alternativ können Sie natürlich auch Himbeer-, Walderdbeer- oder Brombeermarmelade benutzen. Die Kinder dürfen die Marmelade natürlich auch probieren. Falls möglich, zeigen Sie den Kindern auch Bilder von Heidelbeeren oder den Marmeladenbeeren aus Ihrem Beispiel. Beim nächsten und übernächsten Produkt genauso verfahren: erst riechen und danach überlegen, um welches Produkt es sich handeln könnte. Überlegen Sie immer gemeinsam, woher das Produkt kommt, wie die Pflanze aussieht, oder beim Honig, dass die Bienen diesen im Wald sammeln.
Zum Abschluss lassen Sie sich die Brote mit Heidelbeermarmelade und Waldhonig schmecken. Dazu können Sie Holunderblütensirup mit Mineralwasser vermischt trinken.

43 Auch in unserer Kita ist Wald

ENTDECKUNGSREISE

ALTER ab 4 Jahren

ZIELE Werkstoff Holz kennenlernen

MATERIAL Plakat, Stifte, Kochlöffel aus Holz, Stofftasche

Auch in Ihrer Kita gibt es sicherlich viele Dinge aus Holz. Gehen Sie doch einmal gemeinsam auf die Suche, denn all diese Gegenstände waren einmal Bäume.

Verstecken Sie einen Kochlöffel in einer Stofftasche und geben Sie die Tasche in den Sitzkreis. Jedes Kind darf in die Tasche fühlen. Bevor die Kinder aber verraten, welchen Gegenstand sie gefühlt haben, sollen sie zunächst beschreiben, wie sich der Gegenstand angefühlt hat. Lösen Sie auf, indem Sie den Kochlöffel aus der Tasche holen. Die Kinder beantworten ihre Frage, aus was dieser Kochlöffel gefertigt ist. Und woher kommt das Holz? Genau, aus dem Wald.

Lassen Sie die Kinder anschließend in der Kita auf „Spurensuche" gehen und nach Dingen suchen, von denen sie glauben, dass sie aus dem Wald stammen. Das können nicht nur Spielsachen sein. Zurück im Sitzkreis, malen die Kinder Gegenstände aus Holz auf, die sie gefunden haben.

Nach dieser Aufgabe erkennen die Kinder, dass viele Produkte aus ihrem Alltag aus dem Wald stammen.

44 Papier ist aus Holz

ENTDECKUNGSREISE

ALTER ab 4 Jahren

ZIELE Umweltbewusstsein entwickeln, Wissen, wie Papier hergestellt wird

MATERIAL Auswahl an Papier, ein Stück unbehandeltes Holz, Lupe, Sägemehl, Verpackung mit blauem Engel

Wir alle haben im Alltag ständig mit Papier zu tun: Toilettenpapier, Küchenrollen, Taschentücher, Druckerpapier, Verpackungen, Bücher und Zeitschriften sind aus Papier. Aber woher kommt das weiße Wunder und wie stellt man es her? Auf diese Frage bekommen die Kinder hier eine Antwort.

Kommen Sie mit den Kindern zu einem Sitzkreis zusammen und legen Sie zuerst nur ein Blatt Papier in die Mitte. Was ist das? Wie heißt es und was ist alles daraus gemacht? Lassen Sie die Kinder antworten, wo es überall Papier gibt. Erweitern Sie die Auswahl mit Toilettenpapier, Taschentüchern, Papierhandtüchern, Karton usw. Klären Sie die Kinder darüber auf, dass in allem der Rohstoff Holz steckt. Die Kinder beantworten die Frage, ob sie sich vorstellen können, dass ein Baum aus dem Wald in diesen Papiersorten steckt.
Um die Papierherstellung kennenzulernen, können sie beispielsweise gemeinsam im Internet nach Videos auf die Suche gehen oder sie schauen Sachbücher oder Filme an. Sie können

alles Herausgefundene für die Kinder zusammenfassen und noch einmal kurz erklären: Papier besteht aus Holzfasern von Bäumen. Betrachten Sie das unbehandelte Holz mit einer Lupe: Erkennen die Kinder die Fasern? Die Holzfasern werden in der Papierfabrik klitzeklein gemahlen. Zeigen Sie den Kindern das Sägemehl. In der Papierfabrik wird das Holz sogar noch viel feiner vermahlen. Dieses feine Mehl wird mit Wasser zu einem Brei gerührt, es kommt noch Kleber hinzu. Dann wird der Faserbrei auf ein Sieb gegeben. So kann das Wasser abtropfen. Zurück bleibt das sogenannte Vlies, eine Vorstufe zu unserem Papier.
Das Vlies wird mit Walzen schön glatt gepresst und in einer Art Ofen getrocknet, da noch immer ein bisschen Wasser in ihm steckt. Danach ist wieder Glätten angesagt, anschließend wird das Papier geschnitten.

Können sich die Kinder vorstellen, warum man Papier nicht verschwenden sollte? Am besten sammelt man das Papier in einem Extra Behälter. Denn es ist möglich, aus altem Papier wieder neues herzustellen. Papier, das unter anderem aus Altpapier hergestellt, also recycelt wird, bekommt oft einen besonderen Aufdruck, beispielsweise einen blauen Engel oder das FSC-Siegel, wenn es aus nachhaltiger Waldwirtschaft stammt.

Material

Papier- und Pappreste, einen Mixer, Messbecher, dünnmaschige Siebe (z. B. Pfannenspritzschutz oder Fliegengitter), saugfähige Tücher und Lappen (z. B. Schwammtücher, alte Handtücher), eine große Wanne oder ein großer Eimer und Bretter zum Pressen oder Nudelholz.

Die Kinder zerkleinern durch Reißen das Papier in kleine Stücke von 2 bis 3 cm und weichen diese Stücke in Wasser ein. Das eingeweichte Papier 1 bis 2 Tage stehen lassen. Dann mit dem Mixer noch weiter zerkleinern, sodass ein Brei entsteht – diesen nennt man jetzt Pulpe. Bei Bedarf noch etwas Wasser dazugeben, damit der Brei sehr flüssig wird.
Jetzt kann es mit dem Papierschöpfen richtig losgehen. Die Kinder schöpfen die verdünnte Pulpe mit einem Messbecher und gießen ihn über einem engmaschigen Sieb, z. B. einen Pfannenspritzschutz, aus.
Etwas abtropfen lassen und das Sieb auf ein Tuch stürzen. Unter dem Tuch sollten noch weitere Tücher sein, damit die Flüssigkeit gut aufgenommen wird. Hier können sie alte Handtücher aus einer Sammelaktion bei den Eltern verwenden. Einen Lappen über die Pulpe legen und etwas flach drücken, so wird Flüssigkeit aus dem geschöpften Papier herausgesaugt. Dieses nasse Tuch entfernen, ein weiteres trockenes Tuch auf die Masse legen und mit einem Nudelholz oder einem Brett die Masse flach pressen. Je mehr gepresst wird, desto weniger Wasser bleibt in der Masse zurück. So kann sich diese besser verbinden und das Papier wird stabiler.
Nun können Sie die Lappen mit dem Papier dazwischen aufhängen. Falls sich das obere Tuch leicht entfernen lässt, dieses schon lösen.
Nach dem Trocknen löst sich das untere Tuch fast von selbst und das fertige Papier kann unterschiedlich verwendet werden, z. B. für Einladungen oder Urkunden für ein Waldfest.

HINWEIS Eine genaue Mengenangabe zum notwendigen Papier und Wasser kann nicht gegeben werden, da die Papiermenge von der Größe und Dicke des neuen Papiers abhängig ist und die Wassermenge von der Beschaffenheit des Papiers. Für die Herstellung von acht Blättern sollten es aber ca. zwei Tageszeitungen sein.

45 Stockbrot

REZEPT

ALTER ab 4 Jahren

ZIELE etwas nach Rezept herstellen

MATERIAL Schüssel, Topf, Tasse, Holzstöcke, an denen im Vorfeld an einer Seite, bis zu 20 cm lang, die Rinde entfernt wurde

ZUTATEN 500 Gramm Mehl, 1 Würfel frische Hefe, 1 Tasse Milch, eine Prise Salz und etwas Zucker

Stockbrot ist eine leckere Köstlichkeit, die über dem Feuer gebacken wird. Es muss dafür nicht zwingend ein Lagerfeuer entfacht werden, ein Feuerkorb kann die gleichen Dienste tun.

Grundrezept

Das Mehl mit dem Salz in eine Rührschüssel geben. Die Milch in einem kleinen Topf lauwarm erwärmen. Die zerbröckelte Hefe und den Zucker dazugeben und verrühren, bis sich die ganze Hefe aufgelöst hat. Das Hefegemisch zum Mehl und Salz in die Rührschüssel geben und kneten, bis ein weicher Teig entsteht. Den Teig abgedeckt an einem warmen Ort etwa eine Stunde aufgehen lassen. Daraufhin nochmals kurz durchkneten und kleine Klöße daraus formen. Jede Teigkugel zu einer langen Wurst formen und um einen geschälten sauberen Holzstock wie eine Spirale wickeln. Den Spieß über das Feuer halten und langsam drehen, bis der Teig gar ist.

TIPP Die Teigrollen sehr dünn machen, dann ist das Brot sehr schnell fertig.

46 Waldrallye

WALDFEST MIT ELTERN

ALTER ab 3 Jahren

ZIELE Sachwissen über den Wald und seine Bewohner vermitteln, Geschicklichkeit, Gemeinschaftsgefühl

MATERIAL Kopiervorlage „Einladung für die Familie", für die Eltern einen Laufzettel und Stift, Naturmaterialien, Schuhschachteln, Seile, Taue, Augenbinde, Gegenstände und Früchte, die nicht in den Wald gehören, Bilder von Waldtieren

Ein besonderes Erlebnis ist eine Waldrallye mit den Familien. Dies soll nicht als Wettbewerb verstanden werden, sondern als eine Gemeinschaftsaktion von Eltern und ihren Kindern. Gemeinsam wird eine Wegstrecke mit verschiedenen Rätseln zurückgelegt. Diese Wegstrecke wird außerdem durch Aufgaben, die es zu bewältigen gilt, unterbrochen.

Suchen Sie im Vorfeld eine Wegstrecke aus, die alle in einer gewissen Zeit gut bewältigen können. Legen Sie fest, wie viele Stationen und Aufgaben auf der Wegstrecke verteilt werden. Es hat sich bewährt, jeweils vier Stationen und vier Aufgaben einzuplanen. Fertigen Sie einen Plan für die Strecke oder eine Wegbeschreibung an. Es reicht auch der Satz: „Folge den blauen Bändern." Vermerken Sie auf einer Stempelkarte oder einem Laufzettel die Aufgaben, dort wird auch abgehakt, wenn die Stationen abgearbeitet sind.
Legen Sie die Plätze für die Stationen/Haltepunkte fest und bereiten diese vor.

Aufgaben/Rätsel auf der Wegstrecke

Schreiben Sie auf den Laufzettel die Überschriften und einen Satz, der die Aufgabe kurz beschreibt. Lassen Sie anschließend genügend Platz, damit die Antworten eingefügt werden können.

- Was gehört nicht in den Wald?
  Verstecken Sie im ausgewählten Waldstück nah an Ihrer Laufstrecke vier bis fünf Gegenstände, die überhaupt nicht in den Wald gehören, beispielsweise einen Stuhl, Geschirr, Besteck am Baum, Kleidungsstücke und Spielsachen.
- Zähle die Spinnen, Pilze oder Mäuse!
  Hängen Sie selbst gebastelte Spinnen an einem Baum auf oder dekorieren Sie Mäuse oder Pilze unter dem Baum.
- Bringe mit …
  Hier sollen die Teilnehmer jeweils fünf Eicheln, fünf Buchenblätter, Kiefernzapfen, Tannenzapfen oder anderes Waldmaterial einsammeln.

- Welche Frucht gehört nicht in unseren Wald?
  Hierfür an einem Baum Bananen aufhängen oder andere exotische Früchte im Wald platzieren, sodass sie gut zu sehen sind.
- Finde drei verschiedene Bäume!
  Drei unterschiedliche Bäume benennen und jeweils ein Blatt davon einsammeln. Stellen Sie sicher, dass es auf der Wegstrecke verschiedene Baumarten gibt und die Möglichkeit, Blätter davon mitzubringen.

Stationen auf der Laufstrecke zur Auswahl

Schreiben Sie auf den Laufzettel/die Stempelkarte die Aufgaben untereinander und lassen sie ausreichend Platz für einen Stempel oder Vermerk, dass die Aufgabe bewältigt wurde.

- Zapfenwurf
  Dies kann Zapfenweitwurf oder auch Zapfenzielwerfen sein. Beim Zapfenzielwerfen stellen Sie eine Holzkiste auf. Die Spielteilnehmer stellen sich an einer (etwa mit einem Seil markierten) Linie oder an einem Punkt auf und versuchen, von dort aus mit den Zapfen in die Kiste zu treffen.
- Holzstapel versetzen
  Größere und kleinere Holzstücke liegen auf einem Haufen. Dieser Haufen muss gemeinsam versetzt werden. Dabei können die Holzstücke getragen oder in eine Schubkarre geladen werden, die an einer anderen Stelle wieder ausgeladen wird. Dieses Spiel kann auch auf Zeit gespielt werden. Legen Sie die Menge der Holzstücke anhand des Alters der Kinder fest. Mehr als zehn sollten es nicht sein.
- Fühlstation
  Legen Sie in eine Schachtel einige typische Gegenstände aus dem Wald. Abwechselnd greifen Eltern und Kinder blind in die Schachtel und benennen die Dinge wie Zapfen, Stein, Rinde, Eichel, Nuss, Kastanie, Stock und Blätter nur durch Ertasten.
- Fühle den Waldboden!
  Füllen Sie einige große, stabile Schuhkartons mit verschiedenen typischen Bodenbelägen aus dem Wald, beispielsweise einen Karton mit Erde, den nächsten mit glatten Steinen, einen Karton mit Rinde usw. Die Rallyeteilnehmer bekommen die Augen verbunden und stellen jeweils einen nackten Fuß in einen Karton. Erraten Sie den Belag?
- Geschicklichkeitsstation
  Hier dürfen die Familien über einen umgestürzten oder gefällten Stamm oder über mehrere unterschiedlich hohe Stämme balancieren. Dabei sollen sich Eltern und Kinder immer an der Hand halten. Achten Sie darauf, dass die Stämme stabil auf dem Waldboden aufliegen und nicht ins Rollen oder Rutschen kommen können!

- Gemeinsam durchs Spinnennetz
  Für diese Station brauchen Sie Seile, die zwischen Bäume gespannt werden. Alle müssen einen Weg durchs „Spinnennetz" finden. Dabei sollen sich Eltern und Kinder an der Hand halten.
- Wir waren hier
  Ein Mitglied der Familie legt sich auf den Boden. Mit Stöcken, Blättern, Steinen oder Zapfen legen die restlichen Familienteilnehmer den Körperumriss nach.
- Schätzstation
  Stellen Sie ein Glas mit Eicheln auf. Die Teilnehmer sollen schätzen, wie viele Eicheln sich im Glas befinden.
- Klettern an Tauen
  Zwischen zwei Bäumen, die nicht allzu weit auseinanderstehen sollten, werden zwei Taue stramm gespannt. Auf dem einen, sehr knapp über dem Boden, wird balanciert, am anderen kann man sich festhalten.
- Führe mich!
  Einem Elternteil werden die Augen verbunden. Die anderen Familienmitglieder lenken den blinden Spieler nur anhand von sprachlichen Kommandos durch einen Parcours.

Im Ziel können Sie einen Tisch aufstellen. Hier werden die Laufzettel und die Mitbringsel kontrolliert. Vielleicht möchten Sie hier auch Urkunden oder Orden an die Familien verteilen, die Sie vorbereitet haben.

Laubbäume – Blätter und Früchte

AHORN

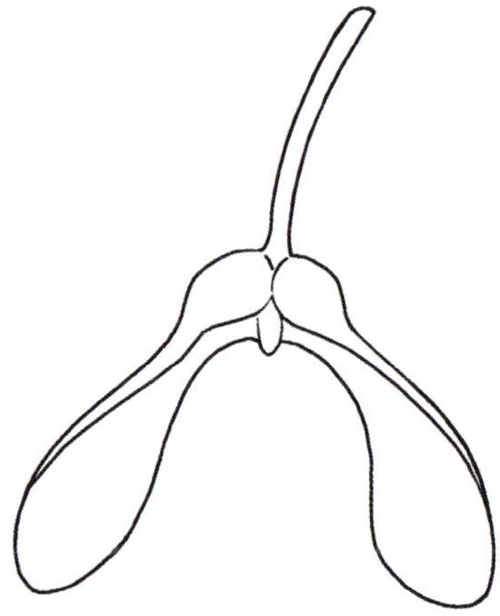

BUCHE

EICHE

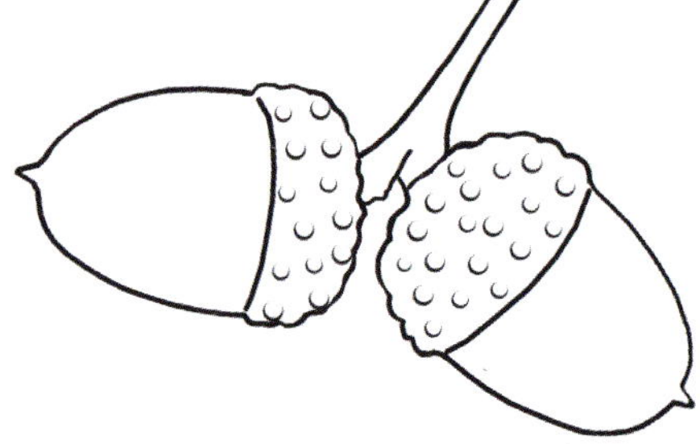

Nadelbäume und ihre Zapfen

FICHTE

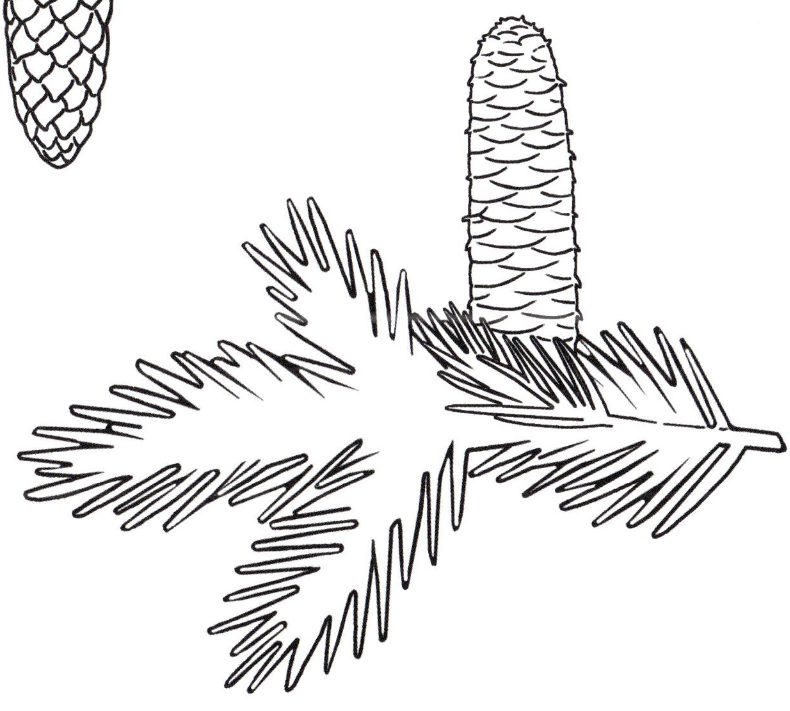

TANNE

KIEFER

Baum

Gestalte diesen kahlen Baum zu einem Laubbaum.

Waldtag

Am .... fand ein Waldtag statt.

Das hat mir am besten gefallen:

....

....

....

....

....

....

....

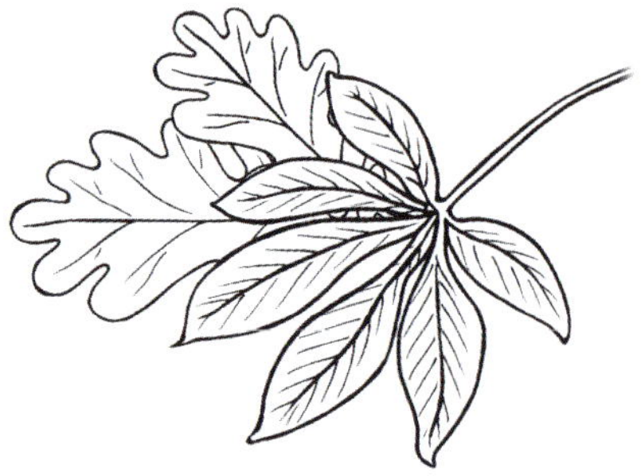

Einladung für die Familie

....

Ihr seid herzlich zu unserer Waldrallye

am .... um .... Uhr

eingeladen.

Die Rückanwort bitte bis zum .... abgeben.

Familie ....

nimmt mit .... Personen an der Waldrallye teil.

....

Datum

....

Unterschrift